# दीवाने-मोमिन

# दीवाने-मोमिन

चयन एवं सम्पादन

**बृजेश अंबर**

वाणी प्रकाशन

प्रकाशन के उत्कृष्टतम 61 वर्ष

vaniprakashan.com

सजिल्द प्रथम संस्करण : 2024

वाणी प्रकाशन

*4695, 21-ए, दरियागंज, नयी दिल्ली-110 002*

फ़ोन : +91 11 23273167, 23275710

**शाखाएँ**

*अशोक राजपथ, पटना-800 004, बिहार*

*कॉफ़ी हाउस कैम्पस, महात्मा गांधी मार्ग, प्रयागराज-211 001, उत्तर प्रदेश*

*महात्मा गांधी अन्तरराष्ट्रीय हिन्दी विश्वविद्यालय, वर्धा-442 001, महाराष्ट्र*

*36/ए, शेक्सपियर सरणी, रानी बिरला गर्ल्स कॉलेज के पास, कोलकाता-700 017, प. बंगाल*

sales@vaniprakashan.in
vaniprakashan@gmail.com

Diwane Momin
*Selected Edited by* Brijesh Amber

ISBN : 978-93-5775-666-2
Ghazal Collection



मूल्य : ₹ 395



*जी.एस. ऑफ़सेट, दिल्ली-110 095 में मुद्रित*

*वाणी प्रकाशन का लोगो मक़बूल फ़िदा हुसेन की कूची से*

# सुन रखो सीख रखो इसको ग़ज़ल कहते हैं*

मिर्ज़ा ग़ालिब अपने एक पत्र में नबी बख़्श हक़ीर को लिखते हैं–''सुना होगा तुमने मोमिन ख़ाँ मर गये। आज उनको मरे दसवाँ दिन है। ...मोमिन ख़ाँ मेरा हमअस्र (समकालीन) था और यार भी था। बयालीस–तैंतालीस बरस हुए यानी चौदह–चौदह,पन्द्रह–पन्द्रह बरस की मेरी और उस मरहूम की उम्र थी कि मुझमें उसमें रब्त पैदा हुआ। इस अर्से में कभी किसी तरह का रंजो–मलाल दर्मियान नहीं आया। हज़रत चालीस बरस का दुश्मन भी नहीं पैदा होता, दोस्त तो कहाँ हाथ आता है। ये शख़्स भी अपनी वज़्अ का अच्छा कहने वाला था तबीअत उसकी मानी-आफ़रीं (अर्थोत्पन्न करने वाली) थी।''

मोमिन ही के इस शेर

*तुम मिरे पास होते हो गोया*
*जब कोई दूसरा नहीं होता*

को सुनकर ग़ालिब ने कहा था काश मोमिन ख़ाँ मेरा सारा दीवान ले लेता और सिर्फ़ यह शेर मुझको दे देता। ऐसी शख़्सियत और फ़नकाराना सलाहियतें थीं मोमिन की। इसके बावजूद उनके साथ न्याय नहीं हुआ। मुहम्मद हुसैन आज़ाद ने आबे हयात (जो प्रसिद्ध उर्दू कवियों की जीवनियों की पुस्तक है) के प्रथम संस्करण में मोमिन का उल्लेख तक करना उचित नहीं समझा। बाद में जब चारों तरफ़ से ऐतराज़ हुए तब दूसरे संस्करण में उनका उल्लेख किया।

मोमिन के दादा, हकीम नामदार ख़ाँ, शाह आलम के ज़माने में कश्मीर से दिल्ली आये और हिकमत में दक्षता के कारण दरबारी हकीमों में शामिल

* सुन रखो सीख रखो इसको ग़ज़ल कहते हैं
मोमिन ऐ अहले–फ़न इज़्हारे–हुनर करता है —मोमिन

कर लिए गये। शाह आलम की सरकार से उन्हें नारनौल में जागीर भी मिली जिसे आख़िर में नवाब फ़ैज़ तलब ख़ाँ ने ज़ब्त करके हज़ार रुपये सालाना पेंशन हकीम नामदार ख़ाँ के वारिसों के नाम तय कर दी।

मोमिन का जन्म 1800 ई. में दिल्ली के मौहल्ला कूचा चेलान में हुआ। पिता गुलाम नबी अपने ज़माने के प्रसिद्ध हकीम थे। घरवालों ने उनका नाम हबीबुल्लाह रखा। लेकिन गुलाम नबी, जिन हज़रत शाह अब्दुल अज़ीज़ के प्रति श्रद्धा रखते थे, उन्होंने मुहम्मद मोमिन नाम तज्वीज़ किया। आगे चलकर यही नाम प्रसिद्ध हुआ।

मोमिन की धार्मिक शिक्षा परम्परानुसार घर पर ही हुई। अरबी अब्दुल क़ादिर और फ़ारसी अब्दुल्ला ख़ाँ अल्वी से पढ़ी। इसके बाद अपने पिता और चाचा गुलाम हैदर ख़ाँ और गुलाम हुसैन ख़ाँ से हिकमत (चिकित्साशास्त्र) की किताबें पढ़ीं और उन्हीं की देख–रेख में हिकमत शुरू कर दी। आगे चलकर हिकमत का ख़ानदानी पेशा ही इनके जीविकोपार्जन का साधन बना। इसके अलावा पूर्वजों की स्वीकृत पेंशन एक हज़ार रुपये वार्षिक का चौथाई हिस्सा भी इनको मिलता रहा। हिकमत के साथ–साथ ज्योतिष में भी मोमिन को महारत थी। शाइरी और संगीत में तो ऐसी दक्षता थी कि दिल्ली के प्रसिद्ध बीनवादक नज़ीर (जिनका सही नाम शायद मीर नासिर अहमद था) ने उनकी मृत्यु के बाद यह कहकर बीन उठाकर रख दी कि अब दिल्ली में कोई इसका क़द्रदान नहीं रहा।

मोमिन के ज़माने में दिल्ली समस्त कलाओं का केन्द्र थी और समाज में शाइरों और कलावन्तों को सम्मान की दृष्टि से देखा जाता था। बताया जाता है कि मोमिन ने पहला शेर ग्यारह साल की उम्र में कहा। प्रारम्भिक दौर की एक–दो ग़ज़लों में उस समय के प्रसिद्ध उस्ताद नसीर देहल्वी से इस्लाह ली। लेकिन उस इस्लाह (संशोधन) से सन्तुष्ट नहीं हुए। इसलिए बाद में किसी से इस्लाह नहीं ली। काव्य–विधा में मोमिन ने ग़ज़ल के अतिरिक्त क़सीदा, मस्नवी, मर्सिया और रुबाई को भी अपनी अभिव्यक्ति का माध्यम बनाया। वे उर्दू–फ़ारसी के गद्य–पद्य पर भी समान अधिकार रखते थे। उनके शागिर्द और दोस्त शेफ़्ता ने 1846 ई. में उनका एक संग्रह प्रकाशित कराया। इसके अलावा उनका एक फ़ारसी दीवान और 'इंशा–ए–मोमिन' के नाम से गद्य की पुस्तक भी है।

'आबे–हयात' में मुहम्मद हुसैन आज़ाद लिखते हैं कि मोमिन मुशाअरों में दर्दनाक आवाज़ में दिलपज़ीर तरन्नुम से कलाम पढ़ते थे–हालाँकि मशहूर यह है कि मुशाअरों में तरन्नुम से ग़ज़ल पढ़ने का रिवाज मिर्ज़ा दाग़ के शागिर्द और दामाद मिर्ज़ा 'साईल' (1867-1945) से प्रारम्भ हुआ।

मोमिन की याददाश्त बहुत तेज़ थी। प्रसिद्ध है कि वे वर्ष के प्रारम्भ में सिर्फ़ एक बार पंचांग देखते थे और उसके बाद वर्ष भर ग्रहों की चाल उनकी स्मृति में रहती थी। विभिन्न काव्य–विधाओं में गजलगोई ही से उन्हें प्रसिद्धि प्राप्त हुई। उनके ज़माने में क़सीदा (प्रशंसात्मक काव्य) कहने का भी प्रचलन था और कमोबेश हर शाइर किसी–न–किसी राजा, नवाब, बादशाह या अमीर की शान में क़सीदा लिखता था। मोमिन ने कभी आर्थिक लाभ के लिए क़सीदा नहीं कहा। 'आबे–हयात' में यह लिखा मिलता है कि एक बार पटियाला के रईस अजीत सिंह, जो उनके प्रशंसक थे, ने उनको एक हथिनी भेंट की। तब मोमिन ने कहा–महाराज मैं ग़रीब आदमी हूँ। इसे कहाँ से खिलाऊँगा और कैसे रखूँगा तो महाराज ने कहा कि सौ रुपये और दो। मोमिन उसी पर सवार होकर घर आये और उसे बेच दिया। हालाँकि ये हथिनी मोमिन को किसी क़सीदे के बदले नहीं दी गयी थी लेकिन समकालीनों की दोष ढूँढ़ने की प्रवृति को चैन कहाँ? उनके समकालीन अब्दुल्लाह ख़ाँ 'ओज' ने उन पर व्यंग्य करते हुए ये शेर कहा–

*जहन्नुमों में वो 'मोमिन' मकान लेता है*
*नजूमी बन के जो हथिनी का दान लेता है*

ये वही 'ओज' हैं जिन्होंने ग़ालिब के दीवान पर भी व्यंग्य करते हुए कहा–

डेढ़ जुज़ पर भी है मत्ल–ओ–मक़्ता ग़ायब
ग़ालिब आसान नहीं साहिबे–दीवां होना

मोमिन का पहला विवाह 1823 ई में हुआ लेकिन यह असफल रहा और तलाक़ हो गया। दूसरी शादी अंजुमनुन्निसा बेगम से हुई जिन का सम्बन्ध उर्दू के प्रसिद्ध सूफ़ी शाइर ख़्वाजा मीर दर्द के घराने से था। इनसे मोमिन के दो बच्चे एक बेटा अहमद नसीर और बेटी मुहम्मदी हुए।

भिन्न–भिन्न स्थानों पर मोमिन के अनेक प्रेम प्रसंगों का विवरण मिलता है। जिसमें उम्मत–उल–फ़ातिमा उर्फ़ 'साहब जी' का नाम सबसे ऊपर है। 'साहब जी' शाइरा थीं। बीमारी का इलाज कराने आयीं और उस मोमिन को अपने रूप पाश में बाँध लिया जिसका कहना था कि–

*आये ग़ज़ाल चश्म सदा मेरे दाम में*
*सय्याद ही रहा मैं गिरफ़्तार कम हुआ*

मोमिन को अपनी काव्य–कला और अन्य कला–रूपों की जानकारी पर गर्व था लेकिन उसका यथोचित सम्मान न पाने पर स्वयं को तसल्ली और समय (भाग्य) पर व्यंग्य करते हुए कहते थे–

*पहुँचे वो लोग रुत्बे को कि मुझे*
*शिकवा–ए–बख़्ते–नारसा न रहा*

वे बड़े स्वाभिमानी थे। इसका अन्दाज़ा एक घटना से लगाया जा सकता है। राजा कपूरथला ने उन्हें साढ़े तीन सौ रुपये महीने की पेशकश करके अपने यहाँ बुलाया और हज़ार रुपये यात्रा–व्यय भी भेजा। वे तैयार भी हो गये। मगर जब यह पता चला कि वहाँ तो एक गवैये की भी यही तनख़्वाह है तो कहा कि जहाँ मेरी और एक गवैये की क़द्र बराबर हो वहाँ मैं नहीं जाता। रोज़गार के लिए दिल्ली से बाहर जाने के अनेक अवसर मिलने के बावजूद उन्होंने दिल्ली से बाहर जाना पसन्द नहीं किया क्योंकि दिल्ली से उनको बहुत लगाव था। हालाँकि उन्होंने रामपुर, सहसवान, बदायूँ, जहाँगीराबाद, सहारनपुर, सरधना आदि स्थानों की यात्राएँ कीं।

मोमिन अपने ज्ञान को कला बनाने का हुनर जानते थे। इसकी एक मिसाल देखिए–

*क़िराने–अंजुमे सय्यारा बुर्जे–आबी में*
*डुबोएगी मिरी चश्मे–सिताराबार मुझे*

अर्थात् मेरी सितारे बरसाने वाली आँख मुझे डुबोएगी क्योंकि इसमें एकाधिक ग्रह जलराशि में एकत्र हो गये हैं। ये शेर उनके ज्योतिष ज्ञान को शाइरी बनाने वाला शेर है। 'क़िरान' के शाब्दिक अर्थ समीपता,

निकटता, दो ग्रहों का एक राशि में होना, योग आदि हैं। ज्योतिष के अनुसार सूर्य के अतिरिक्त दो ग्रह जब जलराशि में आते हैं तब बारिश होती है। मोमिन ने अपने आँसुओं को सितारा बना दिया और आँख चूँकि आँसू बहाने वाली है और आर्द्र होती. है इसलिए इसे आबी–ख़ाना (जलराशि) बता दिया।

समालोचकों ने मुआमलाबन्दी, इश्क़ो–आशिक़ी का बयान, धार्मिकता का मिश्रण, नाजुक ख़याली, कठिन शब्दों का प्रयोग,दुरूहता आदि कई दोष मढ़कर उनकी विशुद्ध शाइरी को नज़रअन्दाज़ कर दिया। जबकि सच तो यह है कि ग़ज़ल के पारिभाषिक अर्थ पर खरी उतरने वाली शाइरी मोमिन ही की है। इश्क़ और आशिक़ी पर केन्द्रित उनकी शाइरी उर्दू की काव्य–परम्परा, विशेष रूप से ग़ज़ल, का निर्वाह करती है। वली (1744-1958) कहते हैं–

*ऐ वली रहने कूँ दुनिया में मुक़ामे–आशिक़*
*कूचा–ए–यार है या गोशा–ए–तन्हाई है*

वहीं मोमिन कहते हैं–

*'मोमिन' ख़ुदा के वास्ते ऐसा मकां न छोड़*
*दोज़ख में डाल ख़ुल्द को कू–ए–बुतां न छोड़*

फ़ैज़ का यह शेर भी इसी परम्परा का विस्तार है–

मुक़ाम फ़ैज़ कोई राह में जँचा ही नहीं
जो कू–ए–यार से निकले तो सू–ए–दार चले

उर्दू काव्य–परम्परा में आशिक़ एक याचक के रूप में दिखाई देता है लेकिन मोमिन की अभिव्यक्ति कुछ और है–

*माशूक़ से भी हम ने निभाई बराबरी*
*वाँ लुत्फ़ .कम हुआ तो यहाँ प्यार कम हुआ*

यानी इश्क़ का अर्थ स्वाभिमान से हाथ छोड़ना नहीं है। आशिक़ के बग़ैर माशूक़ का व्यक्तित्व भी क्या है। इश्क़ में तो दोनों तरफ़ आग बराबर ही लगी होनी चाहिए।

मिसाल के तौर पर मोमिन का एक और शेर देखिये–

*हैं असीर उसके जो है अपना असीर*
*हम न समझे सैद क्या सय्याद क्या*

लेकिन माशूक़ के हवाले से पूरे संसार को समझाते हुए वे अपनी काव्य–परम्परा को भी छोड़ते नहीं बल्कि उसी का निर्वाह करते हुए दिखाई देते हैं।

*टूटा जो काबा कौन–सी ये जा–ए–ग़म है शेख़*
*कुछ क़स्रे–दिल नहीं कि बनाया न जायेगा*

–क़ायम चाँदपुरी

अब मोमिन का शेर –

*काफ़िर है कौन हम में से 'मोमिन' फिरे है तू*
*काबे के आस–पास तो मैं दिल के आस–पास*

अर्थात् ग़ज़ल की परम्परा में प्रेम धर्म से श्रेष्ठ है वहाँ तो प्रेम ही धर्म है। उपरोक्त दोनों शेरों में दिल को काबे से श्रेष्ठ कहा गया है लेकिन क़ायम जहाँ साफ़ कहते हैं कि काबे से दिल पहले है क्यूँ कि काबा फिर बनाया जा सकता है दिल नहीं। वहीं मोमिन एक अजीब कश्मकश में रहते हैं और इस सोच में हैं कि कौन श्रेष्ठ है। यही सोच और काव्य–शैली उन्हें परम्परा से जोड़ते हुए उससे अलग करती है कि वे एक कैफ़ीयत पैदा करते हैं। जबकि उनसे पहले के शाइर सब कुछ साफ़ बयान कर देते हैं।

उपरोक्त शेर ही से मोमिन की एक शैलीगत विशेषता प्रकट होती है। ग़ज़ल के शेर में आमतौर पर पहला मिस्रा (पंक्ति) पूरा वाक्य होता है। मोमिन इससे हटकर कहते हैं। उनके यहाँ दूसरे मिस्रे का एक लफ़्ज़ पहले मिस्रे के आख़िर में मिलता है। जैसे उपरोक्त शेर में 'फिरे है तू' को दूसरे मिस्रे के साथ पढ़ने से अर्थ स्पष्ट हो जाता है। ऐसी मिसालें उनकी शाइरी में अक्सर मिलती हैं।

मिर्ज़ा ग़ालिब और ज़ौक़ उनके समकालीन थे। ग़ालिब से उनकी दोस्ती कैसी थी यह हम देख चुके हैं लेकिन इन दोनों दोस्तों की शाइरी पढ़ते हुए यह समझ में आता है कि अगर सृजन रहस्य रचना है तो उसे समझना रहस्य को प्राप्त करना है। इस यात्रा में यह खुलता है कि

ग़ालिब जहाँ अपनी शाइरी में हुस्न के हवाले से दुनिया की बेहक़ीक़ती (भ्रम, माया) की सुराग़रसानी (तलाश) करते हैं वहीं मोमिन हुस्नो–इश्क़ की गहराइयों तक उतरना चाहते हैं।

मिसाल के तौर पर ग़ालिब कहते हैं–

*शाहिदे–हस्ती–ए–मुतलक़ की कमर है आलम*
*लोग कहते हैं कि है पर हमें मंज़ूर नहीं*

अर्थात् संसार का अस्तित्व के साथ ऐसा ही ताल्लुक़ है,जैसा कमर के साथ प्रेयसी का जिसका सिर्फ़ नाम ही नाम सुनते हैं और दिखाई नहीं देती यानी संसार प्रेयसी की कमर की तरह सिर्फ़ होने का भ्रम है और कुछ नहीं।

वहीं मोमिन कहते हैं–

*उलझा है पाँव यार का ज़ुल्फ़े–दराज़ में*
*लो आप अपने दाम में सय्याद आ गया*

इन दोनों की मित्रता और आपसी सम्मान के सम्बन्ध में एक वाक़िआ मिलता है। मोमिन की तरह ग़ालिब को भी जहाँ ज्योतिष विद्या का शौक़ था वहाँ शतरंज का भी शौक़ था। एक बार दोनों शतरंज खेल रहे थे। खेल के दौरान बाज़ी ग़ालिब के हाथ से निकलती देखकर मोमिन ने कहा मिर्ज़ा साहिब ये शतरंज है शाइरी नहीं जिसमें आप बाज़ी ले जायें।

अपने दुरूह शेरों में जहाँ मोमिन अत्यधिक मुश्किल होते हैं वहीं अपने सहज शेरों में वे पानी की तरह तरल हो जाते हैं। उनकी यह तरलता दिल को द्रवित करने वाली होती है जो पढ़ने–सुनने वाले को अपने सम्मोहन में बाँध लेती है। जैसे ये शेर देखिए–

वो जो हम में तुम में क़रार था तुम्हें याद हो कि न याद हो
वही यानी वादा निबाह का तुम्हें याद हो कि न याद हो

*तुम हमारे किसी तरह न हुए*
*वरना दुनिया में क्या नहीं होता*

अब तक की बात से यह तो स्पष्ट हो ही गया होगा कि मोमिन आशिक़ तो थे ही, मगर अपनी आशिक़ी से वे शर्मिन्दा नहीं थे। वे ख़ुद पर गर्व के साथ व्यंग्य करते हुए कहते हैं–

*उम्र सारी तो कटी इश्क़े–बुतां में 'मोमिन'*
*आख़िरी वक़्त में क्या ख़ाक़ मुसल्माँ होंगे*

ग़ज़ल की प्रचलित एवं पारम्परिक परिभाषा के अनुसार मोमिन के समकालीनों में उनके पाये का कोई शाइर नहीं है। हामिद हुसैन क़ादरी के शब्दों में–'ग़ज़ल में रश्को–रक़ाबत, लाग–डाँट, ज़ोरो–सितम, कुश्तो–ख़ून, अदा–ओ–नाज़, राज़ो–नियाज़ के मज़ामीन में मोमिन ने जो मज़ा, जो हुस्न, जो लताफ़त, जो वुसअत, जो बुलन्दी पैदा कर दी है वह आज तक उर्दू शाइरी में न हो सकी।' मोमिन को भी अपनी इस ख़ूबी का अहसास था। इसीलिए कहते हैं–

*अबस तरक़्क़ी–ए–फ़न की हवस है 'मोमिन' को*
*ज़ियादा होएगा क्या इससे बेमिसाल तो है*

जैसा कि पहले बताया जा चुका है कि मोमिन ज्योतिष विद्या में पारंगत थे। उनकी भविष्यवाणियों के सम्बन्ध में कई क़िस्से मिलते हैं और कहा जाता है कि वे अक्सर सच होती थीं। उन्होंने अपनी मृत्यु की भी भविष्यवाणी की थी। जो सच साबित हुई। 1851 ई. में वे घर की छत से नीचे गिर पड़े। बीमारी की अवस्था में कहा कि पाँच माह से ज़्यादा नहीं जी पाऊँगा और ऐसा ही हुआ। मई 1852 ई. में उनका देहान्त हो गया। कालीदास गुप्ता 'रिज़ा' के अनुसार उनकी मृत्यु की दिनांक 14 मई है। उन्हें दिल्ली दरवाज़े के बाहर शाह वली उल्लाह के ख़ानदानी क़ब्रिस्तान के अहाते में दफ़्न किया गया।

**–बृजेश अंबर**

# अनुक्रम



## ग़ज़लें

डर तो मुझे किसका है कि मैं कुछ नहीं कहता
पर हाल ये इफ़्शा[1] है कि मैं कुछ नहीं कहता

नासेह[2] से गिला क्या है कि मैं कुछ नहीं कहता
तू कब मिरी सुनता है कि मैं कुछ नहीं कहता

मैं बोलूँ तो चुप होते हैं अब आप जभी तक
ये रंजिशे–बेजा[3] है कि मैं कुछ नहीं कहता

कुछ ग़ैर से होंटों में कहे है पे जो पूछो
तो वो हीं मुकरता है कि मैं कुछ नहीं कहता

कब पास फटकने दूँ रक़ीबों[4] को तुम्हारे
पर पास[5] तुम्हारा है कि मैं कुछ नहीं कहता

क्या–क्या न कहे ग़ैर की गर बात न पूछो
ये हौसला मेरा है कि मैं कुछ नहीं कहता

---

1. प्रकट करना 2. प्रेम–त्याग का उपदेश देने वाला 3. अनुचित मनमुटाव 4. प्रतिद्वन्द्वियों 5. लिहाज़।

मत पूछ कि किस वास्ते चुप लग गयी ज़ालिम
बस क्या कहूँ मैं क्या है कि मैं कुछ नहीं कहता

हर वक़्त है दुश्नाम हर इक बात में ताना
फिर उस पे भी कहता है कि मैं कुछ नहीं कहता

कुछ सुनके जो मैं चुप हूँ तो तुम कहते हो बोलो
समझो तो ये थोड़ा है कि मैं कुछ नहीं कहता

सुनता नहीं वो वरना ये सरगोशी–ए–अग़्यार[6]
क्या मुझको गवारा है कि मैं कुछ नहीं कहता

'मोमिन' बख़ुदा[7] सिह्रबयानी[8] का जभी तक
हर एक को दावा है कि मैं कुछ नहीं कहता

---

6. प्रतिद्वन्द्वियों से कानाफूसी 7. ईश्वर की सौगन्ध 8. बातों में जादुई असर।

मैंने तुमको दिल दिया तुमने मुझे रुस्वा किया
मैंने तुमसे क्या किया और तुमने मुझसे क्या किया

रोज़ कहता था कहीं मरता नहीं हम मर गये
अब तो ख़ुश हो बेवफ़ा तेरा ही ले कहना किया

सर से शोले उठते हैं आँखों से दरिया जारी है
शम्अ से ये किसने ज़िक्र उस महफ़िलआरा[1] का किया

रोइए क्या बख़्ते–ख़ुफ़्ता[2] को कि आधी रात से
मैं यहाँ रोया किया और वो वहाँ सोया किया

आतिशे–उल्फ़त[3] बुझा दी दाग़–हाए–रश्क[4] ने
मुद्दई[5] की गर्मी–ए–सुहबत[6] ने जी ठण्डा किया

आँख आशिक़ की कोई फिरती है ऐ वादा ख़िलाफ़
देख ले मैं मरते–मरते सू–ए–दर[7] देखा किया

---

1. महफ़िल सजाने वाला 2. अभागापन, सोया हुआ भाग्य 3. प्रेमाग्नि 4. प्रतिद्वन्द्विता का कलंक 5. वादी 6. संगति की आँच 7 द्वार की ओर।

महशर[1] में पास[2] क्यूँ दमे–फ़रियाद[3] आ गया
रहम उसने कब किया था कि अब याद आ गया

उलझा है पाँव यार का ज़ुल्फ़े–दराज़[4] में
लो आप अपने दाम[5] में सय्याद[6] आ गया

नाकामियों में तुमने जो तश्बीह[7] मुझसे दी
शीरीं[8] को दर्द तल्ख़ी–ए–फ़रहाद[9] आ गया

हम चारागर[10] को यूँ ही पिन्हायेंगे[11] बेड़ियाँ
क़ाबू में अपने गर वो परीज़ाद[12] आ गया

जब हो चुका यक़ीं कि नहीं ताक़ते–विसाल[13]
दम में हमारे वो सितमईजाद[14] आ गया

ज़िक्रे–शराबो–हूर[15] कलामे–ख़ुदा[16] में देख
'मोमिन' मैं क्या कहूँ मुझे क्या याद आ गया

---

1. प्रलय का दिन 2. लिहाज़ 3 न्याय–याचना के समय 4. बालों की लम्बी लटें, 5. जाल 6. शिकारी 7. उपमा 8. फ़रहाद की प्रेयसी का नाम, मीठा 9. फ़रहाद की निराशा के दर्द की सच्चाई, तल्ख़ी–कड़वा 10. उपचारक 11. पहनाना 12. अप्सरा की सन्तान, प्रेयसी 13. मिलन का सामर्थ्य 14. नये–नये अत्याचार करने वाला 15. मदिरा और अप्सराओं की चर्चा 16. ईश्वर की वाणी में।

वादा–ए–वस्लत[1] से दिल हो शाद[2] क्या
तुमसे दुश्मन की मुबारकबाद क्या

कुछ क़फ़स[3] में इन दिनों लगता है जी
आशियाँ अपना हुआ बर्बाद क्या

हैं असीर[4] उसके जो है अपना असीर
हम न समझे सैद[5] क्या सय्याद[6] क्या

शोख़[7] बाज़ारी थी शीरीं[8] भी मगर[9]
वर्ना फ़र्क़–ख़ुसरो–ओ–फ़रहाद[10] क्या

क्या करूँ अल्लाह सब हैं बे असर
वल्वला[11] क्या नाला[12] क्या फ़रियाद[13] क्या

इन नसीबों पर किया अख़्तरशनास[14]
आस्माँ भी है सितमईजाद[15] क्या

बुतकदा[16] जन्नत[17] है चलिए बेहिरास[18]
लब पे 'मोमिन' हर्चे बादाबाद[19] क्या

---

1. मिलन की प्रतिज्ञा 2. प्रसन्न 3. पिंजरा 4. बन्दी 5. शिकार 6. शिकारी 7. चंचल 8. फ़रहाद की प्रेयसी 9. शायद 10 खुसरो–एक बादशाह और फ़रहाद–एक मज़दूर में अन्तर करने का ढंग 11. आवेग, उमंग 12 आर्तनाद 13. दुहाई 14, ज्योतिषी, ग्रहों को जानने वाला 15, नये अत्याचार आविष्कार करने वाला 16. मूर्तिगृह 17. स्वर्ग, 18. निर्भय 19. जो कुछ हो, हर्चे बादाबाद–उस समय बोलते हैं जब कोई परिणाम की परवाह किये बग़ैर मुश्किल काम में हाथ डाल दे।

आग अश्के–गर्म[1] को लगे जी क्या ही जल गया
आँसू जो उसने पोंछे शब और हाथ फल[2] गया

फोड़ा था दिल न था ये मुए[3] पुर ख़लल[4] गया
जब ठेस साँस की लगी दम ही निकल गया

क्या रोऊँ ख़ैराचश्मी–ए–बख़्ते–सियाह[5] को
वाँ शग़्ल सुर्मा[6] है अभी याँ नील ढल[7] गया

की मुझको हाथ मलने की तालीम[8] वर्ना क्यूँ
ग़ैरों को आ के बज़्म में वो इत्र मल गया

उस नक़्शे–पा[9] के सिज्दे[10] ने क्या–क्या किया ज़लील[11]
मैं कूच–ए–रक़ीब[12] में भी सर के बल गया

कुछ जी गिरा पड़े था पर अब तूने नाज़[13] से
मुझको गिरा दिया तो मिरा जी सँभल गया

बुतख़ाने से न काबे को तकलीफ़ दे मुझे
'मोमिन' बस अब मुआफ़ कि यां जी बहल गया

---

1. गर्म आँसू, 2. फाला 3. मरे हुए 4. विघ्न, बाधा 5. दुर्भाग्य से व्याकुल आँखें 6. रसांजन से जी बहलाना 7. आँख का ज्योतिहीन हो जाना जो मृत्यु का संकेत है 8. शिक्षा 9. पदचिह्न 10. आस्था में सर झुकाना 11. तिरस्कृत 12. प्रतिद्वन्द्वी की गली 13. गर्व।

लगे ख़दंग[1] जब उस नाल ए–राह्‌र[2]–का सा
फ़लक[3] का हाल न हो क्या मिरे जिगर का–सा

न जाऊँगा कभी जन्नत को मैं न जाऊँगा
अगर न होएगा नक़्शा तुम्हारे घर का–सा

ये जोशे–यास[4] तो देखो कि अपने क़त्ल के वक़्त
दुआ–ए–वस्ल[5] न की वक़्त था असर का–सा

ये नातवाँ[6] हूँ कि हूँ और नज़र नहीं आता
मिरा भी हाल हुआ तेरी ही कमर का–सा

जुनूँ[7] के जोश से बेगानावार[8] हैं अहबाब[9]
हमारा हाल वतन में हुआ सफ़र का–सा

ख़बर नहीं कि उसे क्या हुआ पर उस दर पर
निशाने–पा[10] नज़र आता है नामाबर[11] का–सा

दिल ऐसे शोख़ को 'मोमिन' ने दे दिया कि वो है
मुहिब[12] हुसैन[13] का और दिल रक्खे शिमर का–सा[14]

---

1. छोटा बाण 2. प्रातःकाल का आर्तनाद 3. आकाश 4. निराशा का आवेग 5. मिलन की प्रार्थना 6. दुर्बल 7. उन्माद 8. बेगानों की तरह 9. दोस्त 10. पदचिह्न 11. पत्रवाहक 12. मित्र 13. हज़रत अली के पुत्र 14. शिमर–सही शब्द शिम्र है–हज़. रत इमाम हुसैन को शहीद करने वाले का नाम।

दीद–ए–हैरान[1] ने तमाशा किया
देर तलक वो मुझे देखा किया

आँख न लगने से शब[2] अहबाब[3] ने
आँख के लग जाने का चर्चा किया

मर गये उसके लबे–जाँबख़्श[4] पर
हम ने इलाज आप ही अपना किया

बुझ गई इक आह में शम्अे–हयात[5]
मुझको दमे–सर्द ने ठण्डा किया

ग़ैर इयादत[6] से बुरा मानते
क़त्ल किया आन के अच्छा किया

उन–से परीवश[7] को न देखे कोई
मुझको मिरी शर्म ने रुस्वा किया

जोर का शिकवा न करूँ ज़ुल्म है
राज़ मिरा सब्र ने इफ़्शा[8] किया

---

1. आश्चर्यचकित नयन 2. रात 3. दोस्त 4. जीवनदायी होंठ 5. जीवन का दीपक 6. रोगी का हाल पूछने जाना 7. अप्सरा जैसी सुन्दरी 8. प्रकट करना।

कुछ भी बन आती नहीं क्या कीजिए
उसके बिगड़ने ने कुछ ऐसा किया

जाए[9] थी तेरी मिरे दिल में सो है
ग़ैर से क्यूँ शिकवा–ए–बेजा[10] किया

रहम फ़लक[11] और मिरे हाल पर
तूने करम ऐ सितमआरा[12] किया

सच ही सही आप का पैमाँ[13] वले[14]
मर्ग[15] ने कब वादा–ए–फ़र्दा[16] किया

मर्ग ने हिज्रां[17] में छुपाया है मुँह
लो मुँह उसी पर्दानशीं का किया[18]

दुश्मने–'मोमिन' ही रहे बुत[19] सदा[20]
मुझसे मिरे नाम ने ये क्या किया

9. जगह 10. अनुचित उलाहना 11. आकाश 12. अत्याचार बढ़ाने वाला 13. प्रतिज्ञा 14. लेकिन 15. मृत्यु 16. आने वाले कल का वचन 17. बिछोह 18. मुँह करना–लिहाज करना 19. सुन्दरी 20. हमेशा।

सम[1] खा मुए[2] तो दर्द दिले–ज़ार[3] कम हुआ
बारे[4] कुछ इस दवा से तो आज़ार[5] कम हुआ

कुछ अपने ही नसीब की ख़ूबी थी बादे–मर्ग[6]
हंगामा–ए–मुहब्बते–अग़्यार[7] कम हुआ

माशूक़[8] से भी हम ने निभाई बराबरी
वाँ लुत्फ़[9] कम हुआ तो यहाँ प्यार कम हुआ

आये ग़ज़ालचश्म[10] सदा मेरे दाम[11] में
सय्याद[12] ही रहा मैं गिरफ़्तार[13] कम हुआ

सब ता–ब–फ़ित्ना[14] चौंक पड़े तेरे अहद[15] में
इक मेरा बख़्त[16] था कि वो बेदार[17] कम हुआ

कुछ क़ैस[18] और मैं ही नहीं सब के सब मुए
अच्छा तो दर्दे–इश्क़ का बीमार कम हुआ

ज़िक्रे–बुताँ[19] से पहली–सी नफ़रत नहीं रही
कुछ अब तो कुफ़्र[20] 'मोमिने'–दींदार[21] कम हुआ

---

1. विष 2. मरना 3. व्याकुल हृदय 4. अन्ततः 5. रोग, मुसीबत 6. मृत्योपरान्त 7. प्रतिद्वन्द्वी के प्रेम का कोलाहल 8. प्रेयसी 9. अनुकम्पा 10. मृगनयनी 11. जाल, 12. शिकारी 13. बन्दी 14. उपद्रव होने तक 15. प्रतिज्ञा 16. भाग्य 17. जागृत 18. मजनूँ का नाम 19. सुन्दरियों की चर्चा 20. अस्वीकृति, पाप 21. धर्मपरायण।

गर ग़ैर के घर से न दिल आराम निकलता
दम काहे को यूँ ऐ दिले–नाकाम[1] निकलता

मैं वहम से मरता हूँ वहाँ रौब से उसके
क़ासिद[2] की ज़बाँ से नहीं पैग़ाम[3] निकलता

करते जो मुझे याद शबे–वस्ल[4] उदू[5] तुम
क्या सुब्ह कि ख़ुर्शीद[6] न ता शाम निकलता

जब जानते तासीर कि दुश्मन भी वहाँ से
अपनी तरह ऐ गर्दिशे–अय्याम[7] निकलता

हर एक से उस बज़्म में शब पूछते थे नाम
था लुत्फ़ जो कोई मिरे हमनाम निकलता

काँटा–सा खटकता है कलेजे में ग़मे–हिज्र[8]
ये ख़ार[9] नहीं दिल से गुलअंदाम[10] निकलता

हूरें नहीं 'मोमिन' के नसीबों में जो होतीं
बुतख़ाने ही से क्यूँ ये बद अंजाम निकलता

---

1. मायूस हृदय 2. सन्देशवाहक 3. संदेश 4. मिलन–रात्रि 5. शत्रु 6. सूरज, 7. दुर्भाग्यशाली 8. वियोग का दुःख 9. काँटा 10. फूल जैसी कोमल।

मुए[1] न इश्क़ में जब तक वो मेह्रबां न हुआ
बला–ए–जाँ[2] है वो दिल जो बला–ए–जाँ न हुआ

ख़ुदा की याद दिलाते थे नज़्अ[3] में अहबाब[4]
हज़ार शुक्र कि उस दम वो बदगुमाँ न हुआ

हँसे न ग़ैर मुझे बज़्म से उठाने पर
सबुक[5] है वो कि तिरी तब्अ[6] पर गिराँ[7] न हुआ

वो आये बह्रे–इयादत[8] तो था मैं शादी मर्ग[9]
किसी से चारा–ए–बेदाद आस्माँ[10] न हुआ

लगी नहीं है ये चुप लज़्ज़ते–सितम[11] से कि मैं
हरीफ़े–कश्मकशे–नाला–ए–फ़ुग़ाँ[12] न हुआ

वो हाले–ज़ार[13] है मेरा कि गाह[14] ग़ैर से भी
तुम्हारे सामने ये माजरा बयाँ न हुआ

उम्मीदे–वादा–ए–दीदार[15] हश्र पर 'मोमिन'
तू बेमज़ा था कि हसरतकशे–बुताँ[16] न हुआ

---

1. मरना 2. जान का जंजाल 3. अन्तिम समय 4. दोस्त 5. अधम 6. स्वभाव 7. भार बोझ 8. बीमार का हाल पूछना 9. खुशी से मरना 10. अत्याचारी आस्मान का उपचार 11. अत्याचार का मज़ा 12. आर्तनाद और पुकार का परस्पर संघर्ष 13. दीन दशा 14. कभी 15. प्रलय के दिन दर्शन की आशा 16. सुन्दरियों का पश्चाताप करने वाला।

वस्ल[1] की शब[2] शाम से मैं सो गया
जागना हिज्राँ[3] का बला हो गया

दिल न फिरा जान ही ठहरे ख़ुदा
ये तो न जाने कहीं वो तो गया

आईना जल्दी से पटक दो कहीं
दिल ही नहीं[4] हाथ से देखो गया

हूँ मैं सियहरोज़[5] कि वो शम्अरू[6]
शाम को आया था सहर[7] को गया

सब्र नहीं शामे–फ़िराक़[8] आ चुको
जिससे कि बेज़ार[9] थे तुम सो गया

हाय सनम हाय सनम लब पे क्यूँ?
ख़ैर है[10] 'मोमिन' तुम्हें क्या हो गया

---

1. मिलन, 2. रात 3. बिछोह 4. वरना, 5. दुर्दिनों वाला दुर्भाग्यवाला 6. उज्जवल और दीप्त मुख वाली 7. प्रातःकाल 8. वियोग की शाम 9. विमुख, अप्रसन्न 10. कुशल तो है।

रात किस–किस तरह कहा न रहा
न रहा पर वो महलिक़ा[1] न रहा

ग़ैर आ कर क़रीबे–ख़ाना[2] रहा
शौक़ अब तेरे आने का न रहा

तेरे पर्दे ने की ये पर्दादरी
तेरे छुपते ही कुछ छुपा न रहा

ग़म मिरा किसलिए कि दुनिया में
न रहा मैं मिरा फ़साना रहा

मुदआ ग़ैर से कहाता वो
समझे अब कुछ भी मुदआ न रहा

किस की ज़ुल्फ़ों का ध्यान था कि मैं शब
महवे–दूदे–चिरागख़ाना[3] रहा

ग़ैर छिड़के है ज़ख़्मे–दिल पे नमक
शोरे–उल्फ़त[4] में भी मज़ा न रहा

---

1. चन्द्रमुखी 2. घर के निकट 3. दीपगृह के धुएँ में लीन 4. प्रेम के आवेग, शोर-नमकीन।

पहुँचे वो लोग रुत्बे को कि मुझे
शिकवा–ए–बख़्ते–नारसा[5] न रहा

तल्ख़कामी नसीब आदा[6] हैफ़[7]
जब कि वो अपने काम का न रहा

दिल लगाने के तो उठाये मज़े
जी बला से रहा रहा न रहा

तू फ़लक[8] मर्ग हम[9] से सब ग़ाफ़िल[10]
अब किसी का भी आसरा न रहा

'मोमिन' उस बुत के नीम नाज[11] ही में
तुमको दावा–ए–इत्तिक़ा[12] न रहा

---

5. अप्राप्य भाग्य का उलाहना 6. दुश्मन के भाग्य का असफल मनोरथ 7. अफ़सोस 8. आकाश 9. मृत्यु 10. असावधान 11. अर्द्ध हाव–भाव 12. संयम का अभिमान।

टाँकने चाक गिरेबाँ[1] को तो हर बार लगा
हाथ कटवाऊँ जो नासेह[2] रहे अब तार लगा

बस कि इक पर्दानशीं से दिले–बीमार लगा
जो मरीज़ों से छुपाते हैं वो आज़ार[3] लगा

जज़्बा–ए–दिल को न छाती से लगाऊँ क्यूँकर
आप वो मेरे गले दौड़ के इक बार लगा

शोख़[4] था रंगे–हिना मेरे लहू से सो है
क़त्ले–अग़्यार से क्या हाथ तिरे यार लगा

तू किसी का भी ख़रीदार नहीं पर ज़ालिम
सरफ़रोशों[5] का तिरे कूचे[6] में बाज़ार लगा

मुँह में कैसा ख़ुमे–सहबा[7] के भर आया पानी
तेरे लब से जो लबे–साग़रे–सरशार[8] लगा

काबे से जानिबे–बुतख़ाना फिर आया 'मोमिन'
क्या करे जी न किसी तरह से ज़िन्हार[8] लगा

---

1. कुर्ते का फटा हुआ गला 2. उपदेशक 3. रोग 4. गहरा 5. प्राणोत्सर्ग करने वाले 6. गली 7. मदिरा का घड़ा 8. छलकते मदिरा पात्र का मुँह 9. कदापि।

शब[1] ग़मे–फ़ुर्क़त[2] हमें क्या–क्या मज़े दिखलाये था
दम रुके था सीने में कमबख़्त जी घबराये था

या तो दम लेता था वो या नामाबर[3] बहकाये था
थे ग़लत पैग़ाम सारे कौन याँ[4] तक आये था

सुन के मेरी मर्ग[5] बोले मर गया अच्छा हुआ
क्या बुरा लगता था जिस दम सामने आ जाये था

यारो दुश्मन राह में कल देखना क्यूँ कर मिले
वो उधर को जाये था और ये इधर को आये था

कोई दिन तो उस पे क्या तस्वीर का आलम रहा
हर कोई हैरत का पुतला देख कर बन जाये था

नाज़ शोख़ी देखना वक़्ते–तज़ल्लुम[6] दम–ब–दम[7]
मुझसे वो उज़्रे–जफ़ा[8] करता था और झुँझलाए था

हो गई दो रोज़ की उल्फ़त में क्या हालत अभी
'मोमिने'–वहशी को देखा इस तरफ़ से जाये था

---

1. रात 2. विरह का दुःख 3. पत्रवाहक 4. यहाँ 5. मौत 6. दुहाई के समय 7. क्षण–प्रतिक्षण 8. अनीति की विवशता।

हमारी जान शब तुझ बिन दिले–नाकाम[1] लेता था
ख़दंगे–आह[2] से तीरे–क़ज़ा[3] का काम लेता था

यही हालत रही आठों पहर तुझ बिन कि दम उलटे
सहर तक शाम से दिल सुब्ह से ता शाम लेता था

अबस[4] उल्फ़त[5] बढ़ी तुमको वो कब देता था दम तुम पर
ये मुझ को देख कर दुश्मन कलेजा थाम लेता था

छुटा या क्यूँ मिरा वाँ रात–दिन रहना बहम[6] फिरना
बता तो क्या तिरा मैं गर्दिशे–अय्याम[7] लेता था

न काँटों पर कोई यूँ लोटे जूँ[8] मैं बिस्तरे–गुल[9] पर
तिरे बिन करवटें शब ऐ समनअंदाम[10] लेता था

रक़ीबों पर हुई क्या आज फ़रमाइश[11] जवाहर की
कि हीरा आशिक़े–ख़ते–ज़मर्रुदफ़ाम[12] लेता था

सहर तक शाम से तुझ बिन यही हालत रखी दिल ने
न मुझको चैन देता था न आप आराम लेता था

---

1. मायूस हृदय 2. आह का बाण 3. मृत्यु–तीर 4. व्यर्थ 5. प्रेम 6. एक साथ 7. दुर्दिनों के चक्कर 8. जैसे 9. पुष्प शय्या 10. चमेली के फूल जैसे शरीर वाला 11. माँगना 12. पन्ने के रंग जैसा ख़त (रोंये) हरा रंग।

न मानूँगा नसीहत पर न सुनता मैं तो क्या करता
कि हर–हर बात में नासेह[13] तुम्हारा नाम लेता था

मैं उसकी बज़्मे–मय[14] में ज़ह्र पी क्यूँ कर न मर जाता
कि मेरे सामने उस लब के बोसे जाम लेता था

अगर 'मोमिन' ही हो 'मोमिन' वले मैं तो न मानूँगा
जो अहदे–दोस्ती वो दुश्मने–इस्लाम़ लेता था

13. उपदेशक 14. मदिरा की महफ़िल।

किसी का हुआ आज कल था किसी का
न है तू किसी का न होगा किसी का

किया उसने क़त्ले–जहाँ इक नज़र में
किसी ने न देखा तमाशा किसी का

न मेरी सुने वो न मैं नासेहों की
नहीं मानता कोई कहना किसी का

मुझे मार डाला है इनकार ने फिर
न कहना कि क्या मुझ पे दावा किसी का

जो फिर जाये उस बेवफ़ा से तो जानूँ
कि दिल पर नहीं ज़ोर चलता किसी का

सबा[1] निकहते–यार[2] लाई कहाँ से
नहीं दख़्ल उस कू में अस्ला[3] किसी का

कोई क्या करे आप हरजाई हो तुम
नहीं मेरी जाँ शिकवा बेजा किसी का

---

1. समीर 2. प्रियतम की सुगन्ध 3. कदापि।

दिले–बेताब[1] को गर बाँध कर रक्खूँ न ठहरेगा
सिवा[2] उस दर की ज़ंजीरों के ये मजनूँ न ठहरेगा

तपिश[3] से ख़ाक में भी आशिक़े–मदफूँ[4] न ठहरेगा
कि गुम्बद क़ब्र का जूँ गुम्बदे–गर्दूं[5] न ठहरेगा

मिरे ख़त में शिकायत उसके शहबाज़े–नज़र[6] की है
परो–बाले–कबूतर एक इक लिख दूँ न ठहरेगा

उसे ख़ू[7] पड़ गई है बेतरह ज़ानू–ए–जानाँ[8] की
ये सर तकिये पे हमदम जिस तरह रक्खूँ न ठहरेगा

हुई तासीर गर थोड़ी–सी भी उस सर्व मौजूँ[9] को
ज़मीं क्या आस्माँ पर नाला–ए–मौजूँ[10] न ठहरेगा

वो शाइर हूँ कि बाँधूँगा ख़मे–ज़ंजीरे–काकुल[11] से
अगर दिल के क़लक़[12] का ध्यान में मज़्मूँ[13] न ठहरेगा

तवाफ़े–काबा[14] का ख़ूगर[15] है देखो सदक़े[16] होने दो
बुतो समझो ज़रा 'मोमिन' है 'मोमिन' यूँ न ठहरेगा

---

1. व्याकुल हृदय 2. अतिरिक्त 3. जलन तड़प 4. दफ़्न किया हुआ आसक्त 5. आकाश के गुम्बद की भाँति, उर्दू शाइरी में आकाश को निरन्तर घूमने वाला माना जाता है 6. नज़र का बाज़ 7. आदत 8. प्रियतम की जाँघ 9. प्रेयसी–जो सर्व के पेड़–सी है 10. यथोचित आर्तनाद 11. घुँघराले बालों की कड़ियाँ 12. व्याकुलता 13. विषय, दशा 14. काबे की परिक्रमा 15. अभ्यस्त, 16. न्योछावर।

ये उज़्रे–इम्तहाने–जज़्बे–दिल[1] कैसा निकल आया
मैं इल्ज़ाम[2] उसको देता था कुसूर अपना निकल आया

न शादी मर्ग[3] हों क्यूँ कर है मुज़्दा[4] क़त्ले–दुश्मन का
कि घर में से लिए शम्शीर[5] वो रोता निकल आया

निकल आया अगर आँसू तो ज़ालिम मत निकाल आँखें
सुना माजूर[6] है मुज़्तर[7] निकल आया निकल आया

हमारे ख़ूंबहा[8] का ग़ैर से दावा है क़ातिल को
ये बादे–इन्फ़िसाल[9] अब और ही झगड़ा निकल आया

कोई तीर उसका दिल में रह गया था क्या कि आँखों से
अभी रोते में इक पैकान[10] का टुकड़ा निकल आया

दमे–बिस्मिल[11] ये किस के ख़ौफ़ से हम पी गये आँसू
कि हर ज़ख़्मे–बदन से ख़ून का दरिया निकल आया

बहुत नाज़ां[12] है तू ऐ क़ैस[13] वहशत पर दिखाऊँगा
किताबों में कभू क़िस्सा जो 'मोमिन' का निकल आया

---

1. दिल की कशिश की परीक्षा पर आपत्ति 2. दोष 3. प्रसन्नता से मर जाना 4. शुभ समाचार 5. तलवार 6. विवश 7. बेबस 8. किसी की हत्या के बदले राज़ीनामे में दिया गया मूल्य 9. वाद के निर्णय के बाद 10. बाण की नोक 11. घायलावस्था 12. गर्वित 13. मजनूँ।

रोज़े–जज़ा[1] जो क़ातिले दिलजू[2] ख़िताब[3] था
मेरा सवाल ही मेरे ख़ूँ का जवाब था

नासेह है तानाज़न[4] मेरी नाकामियों पे क्या
दिलजोइयों[5] से तेरी कभी कामयाब था

फिरने से शाम वादा थके ये कि सो रहे
आराम शिकवा–ए–सितमे–इज़्तिराब[6] था

वो चश्मे–इन्तज़ार[7] कहाँ बाज़[8] बादे–मर्ग[9]
देखा तो हम ने आँख न लगना भी ख़्वाब था

बेपर्दा ग़ैर से न हुआ होगा शब कि सुब्ह
आँखों में शर्म थी न नज़र में हिजाब[10] था

हों क्यूँ न महवे–हैरते–नैरंग हाए शौक़[11]
जो दिल में शोला था वही आँखों में आब[12] था

रोज़े–जज़ा ख़ुदा बुते–जल्लाद[13] को मिला
गोया[14] कि ख़ून नाहक़े–'मोमिन'[15] सवाब[16] था

---

1. प्रलय के दिन 2. सुन्दरी, प्रेयसी 3. सम्बोधन 4. ताना देने वाला 5. सान्त्वनाएँ 6. बेचैनियों के कारण उठाये गये अत्याचारों का उलाहना 7. प्रतीक्षित आँखें 8. खुली 9. मृत्यु के बाद 10. लज्जा, संकोच 11. अभिलाषाओं की माया में लीन आश्चर्यचकित 12. पानी, आँसू 13. अत्याचारी प्रेयसी 14. जैसे कि 15. मोमिन का अकारण किया वध 16. श्रेष्ठ।

मुझको तेरे इताब[1] ने मारा
या मिरे इज़्तिराब[2] ने मारा

बज़्मे–मय[3] में बस एक मैं महरूम[4]
आप के इज्तिनाब[5] ने मारा

ले के दिल भी कजी[6] नहीं जाती
ज़ुल्फ़ के पेचो–ताब[7] ने मारा

क्या पसन्द आई अपनी ज़ोरकशी[8]
चर्ख़[9] के इन्तख़ाब[10] ने मारा

ख़ून क्यूँ कर मिरा खुले कि मुझे
इक सरापा हिजाब[11] ने मारा

यूँ कभी नौजवाँ न मरता मैं
तेरे अहदे–शबाब[12] ने मारा

'मोमिन' अज़बस[13] हैं बेशुमार गुनाह
ग़मे–रोज़े–हिसाब[14] ने मारा

---

1. क्रोध 2. आतुरता 3. मदिरा–सभा 4. वंचित 5. उपेक्षा 6. वक्रता 7. आभा और बल 8. अत्याचार सहने का सामर्थ्य 9. आस्मान 10. चयन 11. सर से पाँव तक संकोच 12. सौन्दर्य के काल 13. चूँकि 14. हिसाब के दिन की व्याकुलता।

देख लो शौक़े–नातमाम[1] मिरा
ग़ैर ले जाये है पयाम[2] मिरा

बेअसर है फ़ुग़ाने–ख़ूँ आलूद[3]
क्यूँ न होये ख़राब काम मिरा

देखना कसरते–बलानोशी[4]
कासा–ए–आस्मां[5] है जाम मिरा

रुत्बा उफ़्तादगी[6] का देखो है
अर्श[7] के भी परे मुक़ाम मिरा

हो के यूसुफ़[8] जो दिल चुराते हो
कौन हो जायेगा ग़ुलाम मिरा

तूने रुस्वा किया मुझे अब तक
कोई भी जानता था नाम मिरा

ज़ानू–ए–बुत[9] पे जान दी देखा
'मोमिन' अंजामो–इख़्तिताम[10] मिरा

---

1. अपूर्ण अभिलाषा 2. सन्देश 3. वह दुहाई जो रक्त के साथ मुँह से निकले 4. अत्यधिक शराब पीना 5. आकाश का प्याला, 6. विनय, दुःख 7. आकाश 8. एक पैग़म्बर जो अत्यन्त सुन्दर थे, उस ज़माने में यह नियम था कि जिस पर चोरी का आरोप सिद्ध हो जाता, उसे सम्पत्ति मालिक का गुलाम बनना पड़ता 9. प्रेयसी के घुटनों पर 10. परिणाम और अन्त।

नाज़–बेजा[1] से सिवा शर्म[2] के हासिल न हुआ
ग़ैर पर ज़ुल्म किये मेरे मुक़ाबिल[3] न हुआ

ख़ुद गला काट मुआ[4] जब कि मैं बिस्मिल[5] न हुआ
उनको आसाँ न हुआ जो मुझे मुश्किल न हुआ

किस तरह बज़्म में वो आँख चुराते मुझसे
दिल को खोकर ये डरा था कि मैं ग़ाफ़िल[6] न हुआ

दिलदही[7] कैसी वो दम देते[8] हैं सो ऐ दुश्मन!
क्या न देते मुझे मैं आप ही साइल[9] न हुआ

देते तकलीफ़ शबे–हिज्र[10] में क्या अपने पास
नक़्दे–जाँ[11] पेशकशे–मर्ग[12] के क़ाबिल न हुआ

क्या गिले होते गर औरों पे भी रहम आ जाता
शुक्र सद शुक्र[13] कि मेरा–सा तिरा दिल न हुआ

मर गया जिस पे नहीं घर में रसाई[14] उसके
था तो 'मोमिन' मैं वले[15] ख़ुल्द[16] में दाख़िल न हुआ

---

1. अनुचित हाव–भाव 2. पछतावे के अतिरिक्त 3. सन्मुख 4. मरना 5. घायल 6. असावधान 7. सान्त्वना, दिलासा 8. दम देना–धोखा देना 9. प्रार्थी 10. विरह रात्रि 11. प्राणों की पूँजी 12. मृत्यु के सामने प्रस्तुत करना 13. बहुत कृपा 14. पहुँच 15. लेकिन 16. स्वर्ग, प्रेयसी का घर।

फ़िराक़े–ग़ैर[1] में है बेक़रारी याब[2] अपना –सा
बनाया तूने उसको भी दिले–बेताब[3] अपना–सा

किसी का सोज़े–दिल[4] हरगिज़ तुझे बावर[5] नहीं आता
तू सबको जाने है ऐ मिह्रे आलमताब[6] अपना–सा

जवाबे ख़ूने–नाहक़[7] मेरा ऐसा क्या दिया तूने
कि ज़ालिम रह गये मुँह ले के सब अहबाब[8] अपना–सा

अगर मर्ज़ी यही ठहरी कि तुझ को छोड़ दूँ मुझको
बता दे और कोई ग़ैरते–महताब[9] अपना–सा

ये रंग आमेज़ियाँ[10] कैसी हैं किस का दर[11] है देखो तो
मुझे तो कुछ नज़र आता है ये ख़ूंनाब[12] अपना–सा

बनावट से ये ज़ुल्फ़ें लाख बल खाया करें लेकिन
ये मुम्किन ही नहीं होवे जो पेचो–ताब[13] अपना–सा[14]

अगरचे शेर 'मोमिन' भी निहायत ख़ूब[15] कहता है
कहाँ है लेक मानी[16] बंद मज़्मूं याब[17] अपना–सा

---

1. किसी अन्य का वियोग, 2. व्याकुल करने वाला, 3. व्याकुल हृदय, 4. हृदय की जलन, 5. विश्वास, 6. संसार को प्रकाशित करने वाला सूरज, 7. अन्यायपूर्वक हुए वध का उत्तर, 8. दोस्त, 9. चाँद को लजाने वाला, सुन्दर, 10. रंग मिला हुआ, 11. द्वार, 12. रक्त, 13. बल खाकर बिखरना, 14. स्वाभाविक, 15. नितान्त सुन्दर, 16. अर्थ, 17. विषयबद्ध।

ग़ैर[1] को सीना कहे से सीमबर[2] दिखला दिया
तुमने क्या कुछ किस को अपनी बात पर दिखला दिया

ज़र्द[3] मुँह दिखला दिया ग़म का असर दिखला दिया
आज हम ने उसको अपना ज़ोरो–ज़र[4] दिखला दिया

सुब्ह से तारीफ़ है सब्रो–सुकूने–ग़ैर की[5]
किसने शब मुझको तड़पते पेशे–दर[6] दिखला दिया

मौत के सदक़े कि वो बेपर्दा आये लाश पर
जो न देखा था तमाशा उम्र भर दिखला दिया

उसके दिल में अब ख़याले–क़त्ल हरदम आये है
मौत को किसने इलाही मेरा घर दिखला दिया

नाम उल्फ़त का न लूँगा जब तलक है दम में दम
तूने चाहत का मज़ा ऐ फ़ित्नागर[7] दिखला दिया

देखेंगे 'मोमिन' ये हम ईमान बिलग़ैब[8] आपका
उस बुते–पर्दानशीं[9] ने जल्वा[10] गर दिखला दिया

---

1. शत्रु 2. जिसका वक्षस्थल चाँदी जैसा गोरा हो, प्रेयसी 3. पीला 4. धन और ताक़त 5. शत्रु का धैर्य और सन्तोष 6. प्रेयसी के द्वार के आगे 7. उपद्रव करने वाला, प्रेयसी 8. इस्लाम की मान्यतानुसार अगोचर चीज़ों पर आस्था रखना 9. पर्दे में रहने वाली सुन्दरी 10. दर्शन।

ग़ैरों पे खुल न जाये कहीं राज़ देखना
मेरी तरफ़ भी ग़म्ज़ा–ए–ग़म्माज़[1] देखना

उड़ते ही रंगे–रुख़[2] मिरा नज़रों से था निहाँ[3]
इस मुर्ग़े–परशिकस्ता[4] की परवाज़[5] देखना

दुश्नामे–यार[6] तब्ऐ–हज़ीं[7] पर गिराँ[8] नहीं
ऐ हमनफ़स[9] नज़ाकते–आवाज़[10] देखना

देख अपना हाले–ज़ार[11] मुनज्जिम[12] हुआ रक़ीब[13]
था साज़गार[14] तालअ–ए–नासाज़[15] देखना

मत रखियो गर्दे–तारिके–उश्शाक़[16] पर क़दम
पामाल[17] हो न जाये सरअफ़्राज़[18] देखना

कुश्ता[19] हूँ उसकी चश्मे–फ़ुसूंगर[20] का ऐ मसीह
करना समझ के दावा–ए–एजाज़[21] देखना

तर्के–सनम[22] भी कम नहीं सोज़े–जहीम[23] से
'मोमिन' ग़मे–मआल[24] का आग़ाज़[25] देखना

---

1. हाव–भाव और इशारा करने वाली, प्रेयसी 2. चेहरे का रंग 3. छिपा हुआ 4. पर कटा पक्षी 5. उड़ान 6. प्रेयसी के अपशब्द 7. पीड़ित स्वभाव 8. बोझ 9. दोस्त 10. आवाज़ की कोमलता 11. दुःखी अवस्था 12. ज्योतिषी 13. प्रतिद्वन्द्वी 14. अनुकूल 15. दुर्भाग्य 16. प्रेमी के सर की गर्द 17. पद दलित 18. सर ऊँचा करने वाला 19. मारा हुआ 20. जादुई आँखें 21. चमत्कार का दाव 22. प्रियतम का त्याग 23. नरक की आग की जलन 24. दुःखों के अन्त 25. प्रारम्भ।

जूँ[1] निकहते–गुल[2] जुंबिश[3] है जी का निकल जाना
ऐ बादे–सबा[4] मेरी करवट तो बदल जाना

पा लग़ज़[5] मुहब्बत से मुश्किल है सँभल जाना
उस रुख़[6] की सफ़ाई पर इस दिल का फिसल जाना

इतना तो न घबराओ राहत यहीं फ़रमाओ
घर में मिरे रह जाओ आज और भी कल जाना

इश्क़ उनकी बला जाने आशिक़ हो तो पहचाने
लो मुझको अतिब्बा[7] ने सौदे का ख़लल[8] जाना

क्या बातें बनाता है वो जान जलाता है
पानी में दिखाता है काफ़ूर[9] का जल जाना

मतलब है कि वस्लत[10] में है बुल्हवस[11] आफ़त में
इस गर्मी–ए–सुहबत[12] में ऐ दिल न पिघल जाना

दम लेने की ताक़त है बीमारे–मुहब्बत है
इतना भी ग़नीमत है 'मोमिन' का सँभल जाना

---

1. जैसे 2. फूल की सुगन्ध 3. हरकत 4. प्रातः समीर 5. पैर डगमगाना 6. मुख, 7. चिकित्सकों 8. बाधा 9. कर्पूर 10. मिलन 11. लोलुप 12. संगति की तीव्रता।

ऐ आरज़ू–ए–क़त्ल[1] ज़रा दिल को थामना
मुश्किल पड़ा मिरा मिरे क़ातिल को थामना

देखे है चाँदनी वो ज़मीं पर न गिर पड़े
ऐ चर्ख़[2] अपने तू महे–कामिल[3] को थामना

सीखे हैं मुझसे नाला–ए–नह आस्माँ शिकन[4]
सय्याद[5] अब क़फ़स[6] में अनादिल[7] को थामना

ऐ हमदम आह तल्ख़ी–ए–हिज्राँ[8] से दम नहीं
गिरता है देखो जाम हलाहल[9] को थामना

आगोशे–गोर[10] हो गई आख़िर लहूलुहान
आसाँ नहीं है आपके बिस्मिल[11] को थामना

सीने पे हाथ धरते ही कुछ दम पे बन गई
लो जान का अज़ाब[12] हुआ दिल को थामना

मत माँगियो अमान[13] बुतों से कि है हराम[14]
'मोमिन' ज़बाने–बेहुदा साइल[15] को थामना

---

1. वध की उत्कण्ठा 2. आकाश 3. पूर्ण चाँद 4. नह आस्माँ शिकन–नौ आकाशों को तोड़ने वाला आर्तनाद 5. शिकारी 6. पिंजरा 7. बुलबुल 8. वियोग की पीड़ा 9. प्रचण्ड विष का प्याला 10. समाधि की गोद 11. घायल 12. पीड़ा 13. शान्ति 14. जो धर्म में वर्जित हो 15. व्यर्थ माँगने वाली।

मैं हलाके–इश्तियाक़े–तर्ज़े–कुश्तन[1] हो गया
दोस्ती क्या की कि अपना आप दुश्मन हो गया

धो दिया अश्क़े–नदामत[2] ने गुनाहों को मिरे
तर हुआ दामन तो बारे[3] पाक दामन हो गया

हो गया सुन कर नवेदे–वस्ल[4] शादी मर्ग[5] मैं
लब तलक ये ज़मज़मा[6] आया कि शेवन[7] हो गया

कौन–सा गुज़रा यहाँ से शहसवारे–नाज़नीं[8]
सब्ज़ा–ए–तुर्बत[9] मिरा पामाले–तौसन[10] हो गया

ज़ख़्मे–नौ[11] भी मरहमे–ज़ख़्मे–कुहन[12] है चारागर
बन्द तीरे–यार से सीने का रोज़न[13] हो गया

नीम जल्वा[14] को भी वो कहते हैं अब बेपर्दगी
जिस्मे–काहीदा[15] ये किस का सर्फ़े–चिलमन[16] हो गया

---

1. मारने की शैली की उत्कण्ठा में मारना 2. प्रायश्चित के आँसू 3. अन्ततः 4. मिलन की शुभ सूचना 5. खुशी से मर जाना 6. मक्के के पवित्र कुएँ का पानी 7. विलाप, रोना–पीटना 8. घोड़े पर सवार सुन्दरी 9. समाधि की हरितिमा, हरे रंग का घोड़ा 10. घोड़े के पैरों से रौंदा हुआ 11. ताज़ा घाव 12. पुराने घाव का लेप 13. छिद्र, मुँह 14. अधूरे दर्शन 15. दुबला शरीर 16. चिलमन का हिस्सा।

उफ़ रे सोज़े–इश्क़े[17] बिरयाँ[18] दिल की तस्कीं[19] के लिए
ख़िरमने–गुल[20] पर जो लोटा वो भी गुलख़न[21] हो गया

बस कि[22] मैं सारे बरस रोता रहा ग़म में तिरे
जेठ और बैसाख का भी चाँद सावन हो गया

और की चाहत का तूने जब किया मुझ पर ख़याल
तब मुझे भी तुझसे वहमे–रब्ते–दुश्मन[23] हो गया

साफ़ था तू जब तलक मुझसे तो मैं भी साफ़ था
बदगुमानी से तिरी अब मैं भी बदज़न हो गया

'मोमिने'–दींदार[24] ने की बुतपरस्ती[25] इख़्तियार
एक शेख़े–वक़्त था सो भी बिरहमन हो गया

---

17. प्रेम की जलन 18. भुना हुआ 19. सान्त्वना 20. फूलों का ढेर 21. भट्ठी, 22. संक्षेप में 23. शत्रु से मिलाप का भ्रम 24. धर्मपरायण मोमिन 25. मूर्ति उपासना।

क़ाबू में नहीं है दिले–कमहौसला[1] अपना
इस जोर पे जब करते हैं तुझसे गिला अपना

लब्बैक[2] हरम[3] हम हैं न नाक़ूसे–कलीसा[4]
फिर शेख़ो–बिरहमन में है क्यूँ ग़ुल्गुला[5] अपना

था रोज़ नुख़स्तीं[6] ग़मे–शब हाय दराज़ आह[7]
तिफ़्ली[8] से है अख़्तर शुमारी[9] मशग़ला[10] अपना

थे दश्त[11] में हमराह मिरे आबला–ए–चन्द[12]
सो आप ही पामाल[13] किया क़ाफ़िला अपना

इस हाल पे पहुँचे तिरे गुस्से से कि अब हम
राज़ी हैं गर आदा[14] भी करें फ़ैसला अपना

सूरत वही अज़मत[15] वही गर्दिश[16] वही कैसे
हैराँ हैं कि ये चर्ख़[17] है या आबला अपना

इन्साफ़ के ख़्वाहाँ[18] हैं नहीं तालिबे–ज़र[19] हम
तहसीने–सुख़नफ़हम[20] है 'मोमिन' सिला[21] अपना

---

1. उत्साहहीन ह्रदय 2. 'उपस्थित हूँ' के लिए कहा जाने वाला 'जी' 3. ईश्वर का घर, काबा 4. गिरजाघर का शंख 5. धूम कोलाहल 6. पहला दिन, बाल्यकाल 7. वियोग की लम्बी रात का दुःख 8. बचपन 9. तारे गिनना 10. कार्य 11. जंगल, 12. कुछ छाले 13. पद–दलित 14. शत्रु का बहुवचन 15. महिमा 16. चक्कर 17. आकाश 18. इच्छुक 19. धन के इच्छुक 20. काव्य–मर्मज्ञ की प्रशंसा 21. पुरस्कार।

राज़े–निहाँ[1] ज़बाने–अग़्यार[2] तक न पहुँचा
क्या एक भी हमारा ख़त यार तक न पहुँचा

अल्ला री नातवानी[3] जब शिद्दते–क़लक़[4] में
बालीं[5] से सर उठाया दीवार तक न पहुँचा

रोते तो रहम आता सो उसके रू–ब–रू तो
इक क़तरा ख़ूं भी चश्मे–ख़ूंनाब[6] तक न पहुँचा

बेबख़्त[7] रंग ख़ूबी किस काम का कि मैं तो
था गुल वले[8] किसी की दस्तार[9] तक न पहुँचा

मुफ़्त अव्वले–सुख़न[10] में आशिक़ ने जान दे दी
क़ासिद[11] तिरा बयाने–इक़रार[12] तक न पहुँचा

ग़ैरों से उसने हरगिज़ छोड़ी न हाथापाई
जब तक अजल[13] का सदमा दो–चार तक न पहुँचा

'मोमिन' उसी ने मुझसे दी बरतरी[14] किसी को
जो पस्तफ़हम[15] मेरे अश्आर[16] तक न पहुँचा

---

1. छिपा हुआ भेद 2. प्रतिद्वन्द्वी की वाणी 3. दुर्बलता 4. अत्यधिक व्याकुलता 5. तकिया 6. रक्त के आँसू बहाने वाली आँख 7. भाग्यहीन 8. लेकिन 9. पगड़ी 10. वार्तालाप का प्रारम्भ 11. सन्देशवाहक 12. स्वीकारोक्ति 13. मृत्यु 14. श्रेष्ठता 15. कम समझ 16. शेर का बहुवचन, काव्य।

वादे की जो साअत[1] दमे–कुश्तन[2] है हमारा
जो दोस्त हमारा है सो दुश्मन है हमारा

ये काहरुबा[3] से भी हैं कम ऐ कशिशे–दिल[4]
मज़्कूर[5] कुछ ऐसा पसे–चिलमन[6] है हमारा

देता नहीं इस ज़ौफ़[7] पे भी जोशे–जुनूँ[8] चैन
हर रेगे–रवां[9] दश्त[10] में तौसन[11] है हमारा

तफ़्रीह[12] न क्यूँ कर[13] हो हवा आ नहीं सकती
गोया[14] दरे–दिलदार[15] नशेमन[16] है हमारा

गर पास है लोगों का तो आ जा कि क़लक़[17] से
है लाश कहीं और कहीं मदफ़न[18] है हमारा

जज़्बे–दिल[19] उसे खींच के लाये तो कहाँ लाय
जो ग़ैर का घर है वही मस्कन[20] है हमारा

बुतख़ाने से काबे को चले रश्क[21] के मारे
'मोमिन' बलदे–राह[22] बिरहमन है हमारा

---

1. क्षण 2. मरने का समय 3. एक पत्थर, जो घास को अपनी ओर खींचती है 4. ह्रदयाकर्षण 5. उल्लेख 6. चिलमन=तीलियों का पर्दा, पर्दे के पीछे 7. निर्बलता 8. उन्माद का आवेग 9. उड़ता हुआ रेत–कण 10. जंगल 11. घोड़ा 12. मनोविनोद विहार 13. कैसे 14. जैसे 15. प्रियतम का द्वार 16. घोंसला 17. व्याकुलता 18. क़ब्र 19. दिल का आकर्षण 20. घर 21. प्रतिस्पर्धा 22. पथप्रदर्शक।

हमसरी[1] उस ज़ुल्फ़ से अब ये भी ऐसा हो गया
लो मिरे बख़्ते–सियह[2] को और सौदा[3] हो गया

गो जनाज़े पर उदू के वो ख़ुदआरा[4] हो गया
पर हमारा भी तो मर जाना तमाशा हो गया

किस तरह मालूम हो हाले–दिले–गुमगश्ता[5] हाय
जो कबूतर ले गया वां नामा[6] अन्क़ा[7] हो गया

चश्म–ए–हैवां[8] बना उसके लबों की शर्म से
पानी पानी बस कि एजाज़े–मसीहा[9] हो गया

रोज़े–महशर[10] क्या हुआ फिर क्यूँ शबे–दैजूर[11] है
क्या हमारा नामा–ए–आमाल[12] कुछ वा[13] हो गया

जानो–दिल पर लश्करआराई[14] थी जोशे–यास[15] की
मुफ़्त उस बलवे[16] में शब ख़ूने–तमाशा हो गया

हट गया होगा दुपट्टा मुँह से सोते में कहीं
शब यहाँ रहने का तेरे सब में चर्चा हो गया

---

1. बराबरी, समानता 2. हतभाग्य 3. पागलपन 4. सुसज्जिता 5. खोये हुए दिल का हाल 6. पत्र 7. अस्तित्वहीन 8. अमृतकुण्ड 9. ईसा मसीह का चमत्कार 10. प्रलय का दिन 11. अमावस की रात, नितान्त अन्धकार 12. कर्म पत्र 13. खुलना 14. भीड़ का जमाव 15. निराशा का आवेग 16. उपद्रव।

लग गई चुप मुझको तो भी बात वो करता नहीं
क्या कहूँ क़िस्मत को कहना दुश्मनों का हो गया

शर्बते मर्ग[17] आबे–हसरत[18] शोर बख़्ती[19] ज़हरे–ग़म[20]
तल्ख़कामी[21] से मुझे क्या–क्या गवारा हो गया

रो दिया उसने जो मेरी लाग़री[22] को देख कर
क़तरा–ए–अश्के़–निदामत[23] मुझको दरिया हो गया

हक़ तो ये हैं क्या ग़ज़ल इक और 'मोमिन' ने पढ़ी
आज बातिल[24] सारे उस्तादों का दावा हो गया

---

17. मौत का शर्बत 18. लालसा का जल 19. भाग्य की धूम 20. दुःख का विष 21. नाकाम 22. दुर्बलता 23. पश्चाताप के आँसू की बूँद 24. झूठ।

मैं तो दीवाना था उसकी अक़्ल को क्या हो गया
क़ैस[1] कहता है मुझे नासेह[2] को सौदा[3] हो गया

जोशे–इश्क़ो–हुस्न[4] ने क्या रंग बदला देखना
अश्के–ख़ूनी[5] से मिरे मुँह ज़र्द[6] उसका हो गया

सूर[7] थी मिन्क़ारे–मुर्ग़े–सुब्ह[8] पहलू से मिरे
वो क़यामत क़द[9] जो उट्ठा हश्र बरपा[10] हो गया

ये किसी से हो कि इन लफ़्ज़ों पे गुस्ताख़ी न हो
ग़ैर हम सा कब हुआ हरचंद[11] हम–सा हो गया

यूँ लबे–ख़ंजर[12] के बोसे मुत्तसिल[13] लेने न थे
ज़ख़्मे–कारी[14] की हँसी में काम मेरा हो गया

नौ फ़लक[15] हैं क्या करे ये नाला–ए–आतिशफ़िशाँ[16]
एक दुश्मन सर से खोया और पैदा हो गया

कुफ़्र[17] है बे गुलरुख़े तर्सा[18] तमाशा–ए–चमन[19]
गुलशन अपने हक़ में ऐ 'मोमिन' कलीसा[20] हो गया

---

1. मजनूँ 2. उपदेशक 3. पागलपन 4. प्रेम और सौन्दर्य का आवेग 5. रक्त के आँसू 6. पीला 7. वह तुरही जो प्रलय के दिन हज़रत इस्राफ़ील फूँकेंगे 8. सुब्ह के परिन्दे की चोंच 9. क़यामत ढाने वाला 10. प्रलय होना 11. कितना भी 12. ख़ंजर रूपी होंठ 13. निरन्तर 14. गहरे घाव, 15. नौ आकाश, 16. अग्निवर्षक आर्तनाद 17. अस्वीकार्य 18. पुष्पमुखी, सुन्दरी के बग़ैर 19. उद्यान–दर्शन 20. गिरजा।

अश्क[1] वाजूना असर[2] बाइसे–सद जोश[3] हुआ
हिचकियों से मैं ये समझा कि फ़रामोश[4] हुआ

जल्वा अफ़्ज़ाई–ए–रुख़[5] के लिए मैनोश[6] हुआ
मैं कभी आप में आया तो वो बेहोश हुआ

है ये ग़म[7] गोर[8] में रंजे–शबे–अव्वल[9] से फ़ुज़ूँ[10]
कि वो मेहरू[11] मिरे मातम में सियहपोश[12] हुआ

आफ़रीं[13] दिल में रही ख़ंजरे–दुश्मन[14] के सबब[15]
अपने क़ातिल[16] से ख़फ़ा था कि मैं ख़ामोश हुआ

दर्दे शाने[17] से तिरा महवे–नज़ाकत[18] ख़ुश है
कि मैं हमदोश[19] हूँ गो ग़ैर भी हमदोश हुआ

वो है ख़ाली तो ये ख़ाली ये भरे तो वो भरे
कासा–ए–उम्रे–उदू[20] हल्क़ा–ए–आग़ोश[21] हुआ

तूने जो क़ह्रे–ख़ुदा[22] याद दिलाया 'मोमिन'
शिकवा–ए–जोरे–बुताँ[23] दिल से फ़रामोश[24] हुआ

---

1. आँसू 2. उलटे असर वाला 3. आवेग बढ़ने का कारण 4. विस्मृत 5. मुख दर्शन की सुन्दरता बढ़ाना 6. शराब पीना 7. दुःख, 8. क़ब्र 9. प्रथम रात्रि का दुःख 10. अधिक 11. सूर्यमुखी 12. मातम के लिए काले कपड़े पहनने वाला 13. शाबाश कहना 14. शत्रु के ख़ंजर 15. कारण 16. वधिक, प्रेयसी 17. कन्धे का दर्द 18. आसक्त, प्रेमी 19. समानता, आलिंगित 20. शत्रु का आयु पात्र 21. गोद का घेरा 22. ईश्वर प्रकोप 23. प्रेयसी के अत्याचार का उलाहना 24. विस्मृत।

गर मैं कमबख़्त[1] वो बख़ील[2] हुआ
मुझको छेड़ आस्माँ ज़लील[3] हुआ

आस्माँ राह पर नहीं आता
दावा–ए–ख़िज़्र[4] बेदलील[5] हुआ

अब तग़ाफुल[6] है वां मगर गर्दूं[7]
मेरे आज़ार[8] का क़फील[9] हुआ

किस क़दर तेज़रौ[10] है सू–ए–सनम[11]
नामाबर[12] मेरा जिबरईल[13] हुआ

असरे–हुस्नो–इश्क़[14] था बेमिस्ल[15]
मैं तिरा तू मिरा अदील[16] हुआ

आपकी कौन–सी बढ़ी इज़्ज़त
मैं अगर बज़्म में ज़लील[17] हुआ

हाय 'मोमिन' शहादते–बेअज्र[18]
बहरे–वस्ले–सनम[19] क़तील[20] हुआ

---

1. हतभाग्य 2. कृपण 3. अपमानित 4. ख़िज़्र–एक पैग़म्बर जो राह भटके हुए को राह दिखाते हैं–का दावा 5. तर्कहीन 6. उपेक्षा 7. आकाश 8. आपत्ति 9. प्रतिभू 10. शीघ्रगामी 11. प्रियतम की ओर 12. पत्रवाहक 13. एक फ़रिश्ता जो पैग़म्बरों के पास ईश्वर का आदेश पहुँचाता है 14. प्रेम और सौन्दर्य का प्रभाव 15. अनुपम 16. समान 17. तिरस्कृत 18. बलिदान का सत्कर्म फल 19. प्रियतम के मिलाप के लिए 20. वधित।

गुस्सा बेगानावार[1] होना था
बस यही तुझसे यार होना था

क्या शबे–इन्तज़ार[2] होना था
नाहक़[3] उम्मीदवार[4] होना था

ख़ाक होता न मैं तो क्या करता
उसके दर का गुबार होना था

हर्ज़ागर्दी[5] से हम ज़लील[6] हुए
सुब्हदम जाँनिसार[7] होना था

सब्र कर सब्र हो चुका जो कुछ
ऐ दिले–बेक़रार होना था

कू–ए–दुश्मन[8] में जा पकड़ता क्यूँ
क्या मुझे शर्मसार होना था

रात दिन बादा–ओ–सनम[9] 'मोमिन'
कुछ तो परहेज़गार[10] होना था

---

1. बेगानों की तरह 2. प्रतीक्षा की रात 3. अकारण 4. आशान्वित 5. व्यर्थ घूमना–फिरना 6. अपमानित 7. प्राणोत्सर्ग करना 8. शत्रु की गली 9. सुरा और सुन्दरी 10. इन्द्रियों को वश में रखने वाला।

असर उसको ज़रा नहीं होता
रंज[1] राहत फ़ज़ा[2] नहीं होता

बेवफ़ा कहने की शिकायत है
तो भी वादा वफ़ा नहीं होता

ज़िक्रे–अग़्यार[3] से हुआ मालूम
हर्फ़े–नासेह[4] बुरा नहीं होता

तुम हमारे किसी तरह न हुए
वरना दुनिया में क्या नहीं होता

उसने क्या जाने क्या किया लेकर
दिल किसी काम का नहीं होता

नारसाई[5] से दम रुके तो रुके
मैं किसी से ख़फ़ा[6] नहीं होता

तुम मिरे पास होते हो गोया[7]
जब कोई दूसरा नहीं होता

---

1. दुःख 2. शांति और सुख बढ़ाने वाला 3. शत्रु की चर्चा 4. उपदेशक शब्द 5. पहुँच न होना 6. रुष्ट, एक शब्द 'ख़फ़' भी होता है जिसका अर्थ गला घोंटना होता है 7. जैसे, बोलने वाला।

हाले–दिल यार को लिखूँ क्यूँ कर[8]
हाथ दिल से जुदा नहीं होता

रहम कर ख़स्म जाने–ग़ैर[9] न हो
सबका दिल एक–सा नहीं होता

चारा–ए–दिल[10] सिवा–ए–सब्र[11] नहीं
सो तुम्हारे सिवा नहीं होता

क्यूँ सुने अर्ज़े मुज़्तर[12] ऐ 'मोमिन'
सनम आख़िर ख़ुदा नहीं होता

---

8. कैसे 9. शत्रु के प्राणों का दुश्मन 10. दिल का उपचार 11. धैर्य के अतिरिक्त 12. मुज़्तर=व्याकुल, लाचार–क़ुरान के अनुसार ईश्वर के अतिरिक्त कौन है जो लाचारों की व्यथा सुने और प्रियतम ईश्वर नहीं होता।

क्या हुआ हो अगर वो बादे–इम्तिहाँ[1] अपना
बेगुनह[2] सज़ा पाये अब वो दिल कहाँ अपना

रोज़ का बिगाड़ आख़िर जान पर बना देगा
उनको शौक़े–आराइश[3] दिल है बदगुमाँ[4] अपना

दश्ना[5] छीन लेगा क्या हमनशीं शबे–फ़ुर्क़त[6]
आप जब नहीं अपने कौन मेरी जां अपना

बाद मुद्दत[7] उस कू[8] से यूँ फिरे पतंग आकर
जाय जाय[9] फिरते हैं पूछते मकाँ अपना

दिल के लेने तक है बस आप की ख़रीदारी
क्यूँ करें वो सौदा[10] हम जिसमें हो ज़ियाँ[11] अपना

देखिए पसे–मुर्दन[12] हाले–जिस्मो–जाँ[13] क्या हो
मुद्दई[14] ज़मीं अपनी दुश्मन आस्माँ[15] अपना

दैरो–काबा[16] यकसाँ[17] है आशिक़ों को ऐ 'मोमिन'
हो रहे वहीं के हम जी लगा जहाँ अपना

---

1. परीक्षा लेने के बाद 2. निरपराध 3. सुसज्जित रहने की अभिलाषा 4. किसी की ओर बुरी धारणा रखने वाला 5. छुरी 6. विरह रात्रि 7. एक अवधि के बाद, 8. गली 9. जगह–जगह 10. बेचने का सामान 11. हानि 12. मृत्यु के बाद 13. शरीर और प्राण की दशा 14. दावा करने वाला 15. उर्दू शाइरी में आस्मान को अत्याचार करने वाला माना जाता है 16. काबा और मन्दिर 17. एक समान।

हम जान फ़िदा करते गर वादा वफ़ा होता
मरना ही मुक़द्दर था वो आते तो क्या होता

उस हुस्न[1] पे ख़िल्वत[2] में जो हाल किया कम था
क्या जानिए क्या करता गर तू मिरी जा[3] होता

एक एक अदा सौ सौ देती है जवाब उसके
क्यूँ कर लबे–क़ासिद[4] से पैग़ाम[5] अदा होता

अच्छी है वफ़ा मुझसे जलते हैं जलें दुश्मन
तुम आज हुआ समझो जो रोज़े–जज़ा[6] होता

जन्नत[7] की हवस[8] वाइज़[9] बेजा है कि आशिक़ हूँ
हाँ सैर में जी लगता गर दिल न लगा होता

होना था वस्ल[10] इक शब क़िस्मत में बला से गर
तू मुझसे ख़फ़ा होता मैं तुझसे ख़फ़ा होता

है बेख़ुदी–ए–दायम[11] क्या शिकवा[12] तग़ाफ़ुल[13] का
जब मैं न हुआ अपना वो क्यूँ कि मिरा होता

---

1. सौन्दर्य 2. स्त्री–पुरुष का एकान्तवास 3. जगह 4. सन्देशवाहक के होंठ 5. सन्देश 6. प्रतिकार का दिन 7. स्वर्ग 8. लालसा 9. धर्मोपदेशक 10. मिलन 11. नित्य की बेसुधी 12. शिकायत 13. उपेक्षा।

दीवाने के हाथ आया कब बन्दे–क़बा[14] उसका
नाख़ुन जो न बढ़ जाते तो उक़्दा[15] ये वा[16] होता

हम बन्दगी–ए–बुत[17] से होते न कभी काफ़िर[18]
हर जाय गर ऐ 'मोमिन' मौजूद ख़ुदा होता

---

14. परिधान की गिरह 15. गाँठ, 16. खुलना 17. प्रेयसी की दासता 18. कृतघ्न।

गये वो ख़्वाब से उठ ग़ैर के घर आख़िरे–शब
अपने नाले[1] ने दिखाया ये असर आख़िरे–शब[2]

मिले हो ग़ैर से बेपर्दा तुम इनकार के बाद
जल्वा[3] ख़ुर्शीद का–सा[4] था कुछ उधर आख़िरे–शब

ग़ैर निकला तिरे घर से गई इस वहम में जान
ग़ुल[5] हुए चोर के उस कूचे में गर आख़िरे–शब

दी तसल्ली भी तो ऐसी कि तसल्ली न हुई
ख़्वाब में तो मिरे आये वो मगर आख़िरे–शब

मू सफ़ेदी[6] के क़रीब और है ग़फ़लत[7] 'मोमिन'
नींद आती है ब–आराम दिगर आख़िरे–शब[8]

---

1. आर्तनाद 2. रात के अन्तिम पहर 3. प्रदर्शन 4. सूर्य की भाँति 5. कोलाहल 6. बालों की सफ़ेदी 7. असावधानी 8. रात के अन्तिम पहर में नींद अच्छी आती है।

क़त्ले–उदू[1] में उज़्रे नज़ाकत[2] गिरां[3] है अब
मुझमें सितम उठाने की ताक़त कहाँ है अब

वहशत[4] से मेरी सारे अहिब्बा[5] चले गये
आना है गर तो आओ कि ख़ाली मकाँ है अब

सिज्दे[6] पर सर क़लम हो दुआ पर ज़बां कटे
गोया न वो ज़मीं है न वो आस्माँ है अब

पीरी[7] में वस्ल[8] ग़ैरते–यूसुफ़[9] हुआ नसीब
बख़्ते–वफ़ा[10] मिसाले–ज़ुलेख़ा[11] जवाँ है अब

रख ले सर अपने ज़ानू–ए–नाज़ुक[12] पे शौक़ से
तेरा मरीज़े–इश्क़ बहुत नातवाँ[13] है अब

चश्मे–ग़ज़ब[14] से मश्वरा–ए–क़त्ल[15] खुल गया
जो बात दिल में थी सो नज़र से अयाँ[16] है अब

वो दिन गये कि लाफ़ो–गुज़ाफ़े–जिहाद[17] था
'मोमिन' हलाक[18] ख़ंजरे–नाज़े–बुताँ[19] है अब

---

1. शत्रु का वध 2. कोमलता की विवशता 3. बोझ 4. पागलपन, भय 5. प्रियजन 6. आस्था से सर झुकाना 7. बुढ़ापा 8. मिलन 9. हज़रते–यूसुफ़ का स्वाभिमान 10. निर्वाह का भाग्य 11. ज़ुलेख़ा की तरह जवान–ज़ुलेख़ा को बुढ़ापे में सौन्दर्य की प्राप्ति हुई थी 12. सुकुमार जाँघ 13. दुर्बल 14. कुपित आँखें 15. वध का परामर्श 16. स्पष्ट 17. धर्मयुद्ध के लिए इधर–उधर की बातें करना 18. वधित 19. सुन्दरी के हाव–भाव की छुरी।

थी वस्ल में भी फ़िक्रे–जुदाई[1] तमाम शब[2]
वो आये तो भी नींद न आई तमाम शब

रंगीं है ख़ूने–सर[3] से वो हाथ आजकल रहे
जिस हाथ में वो दस्ते–हिनाई[4] तमाम शब

तालू से याँ ज़बान सह्र[5] तक नहीं लगी
था किसको शग़्ले–नग़्मासराई[6] तमाम शब

मर जाते क्यूँ न सुब्ह के होते ही हिज्र[7] में
तकलीफ़ कैसी–कैसी उठाई तमाम शब

कहता है मिहरवश[8] तुम्हें क्यूँ ग़ैर गर नहीं
दिन भर हमेशा वस्ल जुदाई तमाम शब

धर पाँव आस्ताँ[9] पे कि इस आरज़ू[10] में आह
की है किसी ने नासियासाई[11] तमाम शब

'मोमिन' मैं अपने नालों[12] के सदक़े कि कहते हैं
उसको भी आज नींद न आई तमाम शब

---

1. बिछोह की चिन्ता 2. पूरी रात 3. सर का रक्त 4. मेहँदी रचे हाथ 5. प्रातःकाल 6. गाने का कार्य 7. विरह 8. सूर्य के समान 9. चौखट 10. आकांक्षा 11. माथा रगड़ना 12. आर्तनाद।

याँ से क्या दुनिया से उठ जाऊँ अगर रुकते हैं आप
रुक गया मेरा भी दम क्यूँ इस क़दर रुकते हैं आप

जज़्बे–दिल[1] ने ग़ैर के भी क्या कहीं तासीर[2] की
आज क्यूँ आते हुए हर गाम[3] पर रुकते हैं आप

जाइए फिर उसके कू–ए–दिलकुशा[4] में किसलिए
हज़रते–दिल सीने में आठों पहर रुकते हैं आप

सच कहो है किस से वादा आज जाओगे कहाँ
ख़ुद–ब–ख़ुद बैठे हुए क्यूँ अपने घर रुकते हैं आप

पास[5] तुम को ही नहीं तो जाइए ग़ैरों के पास[6]
मैं न रोकूँ रोकने से मेरे गर रुकते हैं आप

वस्ले–शीरीं[7] की तमन्ना कोहकन[8] को क्या कहूँ
सुहबते–शाहाँ[9] से अरबाबे–हुनर[10] रुकते हैं आप

दिल किसी बुत[11] को दिया ऐ हज़रते–'मोमिन' कहीं
वाज़[12] में क्यूँ बिरहमन को देख कर रुकते हैं आप

---

1. दिल की भावना 2. प्रभाव 3. पग–पग 4. दिल को आनन्द देने वाली गली 5. लिहाज़, संकोच 6. समीप 7. शीरीं–फ़रहाद की प्रेमिका–से मिलन 8. फ़रहाद की उपाधि, पहाड़ काटने वाला 9. राजसी संगति 10. गुणवान लोग 11. सुन्दरी 12. धर्मोपदेश।

क्या देखता ख़ुशी से है ग़ैरों के घर बसन्त
फूली है याँ कुछ और ही ऐ बेख़बर बसन्त

वाँ[1] तो है ज़र्दपोश[2] यहाँ मैं हूँ ज़र्द रंग[3]
वाँ तेरे घर बसन्त है याँ मेरे घर बसन्त

ये किस के ज़र्द चेहरे का अब ध्यान बँध गया
मेरी नज़र में फिरती है आठों पहर बसन्त

आवारगी[4] है बाइसे–नश्वोनुमा[5] कि देख
सरसब्ज़[6] जब हुई कि फिरी दर–ब–दर[7] बसंत

हम क़ैदियों को चाहिए सोने की बेड़ियाँ
ऐ चारागर[8] जहान में है जल्वागर बसन्त

उस रश्के–गुल[9] के हाथ तलक कब पहुँच सके
सरसों हथेली पर न जमाये[10] अगर बसन्त

'मोमिन' ये क्या कहा कि है रस्मे–हुनूद[11] अब
काहे को लायेंगे वो मिरी गोर पर बसन्त[12]

---

1. वहाँ 2. पीले वस्त्र पहने हुए 3. रंग पीला पड़ना 4. बेकार इधर–उधर फिरना 5. उगने और पकने के कारण 6. हरी–भरी, समृद्ध 7. नयी बाली को शुभकामना के रूप में घर–घर ले जाते हैं इसीलिए दर–ब–दर फिरना कहा है 8. उपचारक 9. फूल को लजाने वाली, प्रेयसी 10. हथेली पर सरसों जमाना=कोई मुश्किल काम शीघ्र अंजाम लाना 11. हिन्दुओं की रस्म 12. कुछ जगहों पर मुसलमानों में क़ब्र पर बसन्त मनाते हैं।

करते हैं उदू[1] वस्ल[2] में हिर्मां[3] की शिकायत
थी बारे[4] मुअस्सिर[5] ग़मे–हिज्राँ[6] की शिकायत

यूँ करते थे वो कब दिले–नादाँ की शिकायत
की होगी फ़लक[7] ने मिरे अफ़्ग़ाँ[8] की शिकायत

ऐ पर्दानशीं[9] चिलवन[10] उठा दे कि न जल जाये
करता हूँ मैं सोज़े–ग़मे पिन्हाँ[11] की शिकायत

हम ख़ाक में भी मिल गये लेकिन न मिले वो
दिल ही में रही रंजिशे–जानाँ[12] की शिकायत

है किसलिए मुझसे उसे दिल देने का शिकवा
करता है जहाँ में कोई अहसां की शिकायत

किस वास्ते ऐ शम्अ ज़बाँ काटते हैं लोग
क्या तूने भी की थी शबे–हिज्राँ[13] की शिकायत

हूराने–बहिश्ती[14] को बुतों का सा न पाया
'मोमिन' मुझे क्यूँ कर न हो ईमाँ की शिकायत

---

1. शत्रु 2. मिलन 3. निराशा, वैराग्य 4. अन्ततः 5. असर दिखाने वाली 6. विरह के दुख 7. आकाश 8. दुहाई 9. पर्दे में रहने वाली 10. चिक़, ओट 11. छिपे हुए दुख की जलन 12. प्रेमिका का मनमुटाव 13. विरह–रात्रि 14. स्वर्ग की अप्सराएँ।

इज़्हारे–शौक़[1] शिकवा असर[2] उससे था अबस[3]
यानी कहा कि मरते हैं तुम पर कहा अबस

मैं एक सख़्त जान[4] हूँ गर्दूं[5] से पूछ लो
तुमको ख़याल है मिरे आज़ार[6] का अबस

ऐ मेहरवश[7] ये हुस्न तो हरगिज़ न छुप सके
चिलवन तो क्या है पर्दे का भी छोड़ना अबस

इस ज़ौफ़[8] में तो सीने से आता है लब तलक[9]
कहते हैं अपने नाले को हम नारसा[10] अबस

क्या अपने दूदे–दिल[11] का भी शिकवा न कीजिए
उलझे है बात–बात पे ज़ुल्फ़े–दुता[12] अबस

गो[13] चारासाज़[14] हज़रते–ईसा ही क्यूँ न हो
गर दर्दे–इश्क़[15] है तो उम्मीदे–शिफ़ा[16] अबस

हरगिज़ न राम[17] वो सनमे–संगदिल[18] हुआ
'मोमिन' हज़ार हैफ़[19] कि ईमाँ[20] गया अबस

---

1. अभिलाषा की अभिव्यक्ति 2. उलाहना जैसा प्रभाव 3. व्यर्थ 4. पाषाण हृदय 5. आकाश 6. आपत्ति, बीमारी 7. सूर्य के समान 8. दुर्बलता 9. होंठ तक 10. न पहुँचने वाला 11. दिल का धुआँ, आह 12. मुड़ी हुई लटें 13. यद्यपि 14. उपचारक 15. प्रेम का दर्द 16. रोग–मुक्ति की आशा 17. वश में 18. पत्थर दिल प्रेयसी 19. अत्यधिक अफ़सोस 20. धर्म, विश्वास।

हो न बेताब[1] अदा[2] तुम्हारी आज
नाज़[3] करती है बेक़रारी[4] आज

उड़ गया चर्ख़[5] पर गुबार[6] अपना
हो गई ख़ाक ख़ाकसारी[7] आज

तेरे आते ही दम में दम आया
हो गई यास[8] उमीदवारी[9] आज

कोई भींचे है दिल को पहलू में
किसने की उससे हमकिनारी[10] आज

उसके शिकवे से है असर ज़ाहिर
कुछ तो कहती है आहो–ज़ारी[11] आज

इक नई आरज़ू[12] का ख़ून हुआ
हम हैं और ताज़ा सोगवारी[13] आज

'मोमिन' उस बुत को देख आह भरी
क्या हुआ लाफ़े–दीनदारी[14] आज

---

1. अधीर 2. हाव–भाव 3. गर्व 4. व्याकुलता 5. आकाश 6. रज, मनोमालिन्य 7. विनम्रता 8. निराशा 9. आशान्वित 10. आलिंगन 11. विलाप, रोना–धोना 12. आकांक्षा 13. शोक मनाना 14. धर्मनिष्ठा की डींग।

पंजा–ए–शाना[1] से तू ज़ुल्फ़े गिरहगीर[2] न खींच
दिल से दीवाने को मत छेड़ ये ज़ंजीर न खींच

हम तो बचते नहीं ता शाम वो आये भी तो क्या
ऐ दुआ–ए–सहरी[3] मिन्नते–तासीर[4] न खींच

ऐ सितमपेशा[5] मिरे बाद कहाँ नश्शा–ए–इश्क़[6]
देख ख़मियाज़ा–ए–हसरत[7] है ये शम्शीर[8] न खींच

है दवा मेरी वही[9] सो नहीं मुम्किन कि मिले
चारागर रंजो–मुसीबत[10] पए–तदबीर[11] न खींच

मैं न कहता था मुसव्वर[12] कि वो है शोलाइज़ार[13]
देख तू सफ़्हा–ए–क़िर्तास[14] पे तस्वीर न खींच

हम जवाँ मर्द मुहब्बत भी समझ लेंगे भला
अपनी ईज़ा[15] से तू हाथ ऐ फ़लके–पीर[16] न खींच

'मोमिन' आ केशे–मुहब्बत[17] में कि है सब जाइज़
हसरते–हुरमते–सहबा–ओ–मज़ामीर[18] न खींच

---

1. कंघी के दाँतों से 2. घुँघराली लटें 3. प्रातःकालीन प्रार्थना 4. अहसान का प्रभाव, 5. अत्याचार करने वाला, प्रेयसी 6. प्रेम का नशा 7. अपूर्ण इच्छाओं का परिणाम, अँगड़ाई 8. मुड़ी हुई तलवार 9. प्रेयसी 10. विपत्ति और क्लेश 11. उपचार के लिए 12. चित्रकार 13. अंगारों जैसे गालों वाला 14. काग़ज़ के पत्र 15. यातना 16. बूढ़े आकाश 17. प्रेम का सम्प्रदाय 18. मदिरा और संगीत की प्रतिष्ठा की उत्कण्ठा, मज़ामीर=बाँसुरी, संगीत वाद्य।

गर चन्दे[1] और ये ही रही यार की तरह[2]
हम भी बनेंगे बुल्हवस[3] अग़्यार[4] की तरह

आवाज़ गुम्बद[5] उससे शिकायत उदू[6] की थी
नाचार चुप हैं सूरते–दीवार[7] की तरह

सोने दिया न उसने शबे–वस्ल[8] में भी क्या
हम जागते हैं ताल–ए–बेदार[9] की तरह

होते हैं पायमाल[10] गुल ऐ बादे–नौबहार[11]
किस से उड़ाई तूने ये रफ़्तार की तरह

करता है अब्र[12] अपना लहू पानी एक क्यूँ
कब रो सकेगा दीदा–ए–ख़ूंबार[13] की तरह

बस नाज़ुकी–ए–ज़ौफ़[14] कि गुलगश्त बाग़[15] में
चुभते हैं मेरे पाँव में गुल ख़ार[16] की तरह

दिल में हवा–ए–बुतकदा[17] ज़ाहिर में क्या हुसूल[18]
रहना हरम[19] में 'मोमिने'–मक्कार की तरह

---

1. थोड़े दिन 2. शैली, ढंग 3. लोलुप 4. शत्रु 5. गुम्बद की तरह आवाज़ लौटना 6. शत्रु 7. दीवार् की भाँति 8. मिलन–रात्रि 9. उदय होते भाग्य 10. पद–दलित 11. बसन्त की बयार 12. बादल 13. रक्त बहाने वाले नेत्र 14. निर्बलता से मृदुल 15. उद्यान की सैर 16. काँटे 17. मूर्तिगृह की लिप्सा 18. प्राप्ति, लाभ 19. काबा।

रोया करेंगे आप भी पहरों इसी तरह
अटका कहीं जो आप का दिल भी मिरी तरह

आता नहीं है वो तो किसी ढब से दाव में
बनती नहीं है मिलने की उसके कोई तरह

तश्बीह[1] किस से दूँ कि तरहदार[2] की मिरे
सबसे निराली वज़्अ[3] है सबसे नई तरह

नै[4] ताब[5] हिज्र में है न आराम वस्ल[6] में
कमबख़्त दिल को चैन नहीं है किसी तरह

लगती हैं गालियाँ भी तिरे मुँह से क्या भली
कुर्बान तेरे फिर मुझे कह ले इसी तरह

माशूक़ और भी हैं बता दे जहान में
करता है कौन ज़ुल्म किसी पर तिरी तरह

हूँ जाँ–ब–लब[7] बुताने–सितमगर[8] के हाथ से
क्या सब जहाँ में जीते हैं 'मोमिन' इसी तरह

---

1. उपमा 2. बाँका, प्रेयसी 3. शैली 4. नहीं 5. सहनशक्ति 6. मिलन 7. जिसके प्राण होंठों तक आ गये हों, मृतप्राय 8. अत्याचारी, प्रेयसी।

उदू[1] ने देखे कहाँ अश्क[2] चश्मे–गिर्यां सुर्ख़[3]
न आस्तीं[4] है न रूमाल है न दामाँ[5] सुर्ख़

नुमूदे–हुस्न[6] ख़ते–यार[7] से न हो क्यूँ कर
बहार है जो तहे–सब्ज़[8] हो नुमायाँ[9] सुर्ख़

गुमाने–क़हर[10] से अपना तो रंग ज़र्द है और
सियाहमस्ती–ए–मै[11] से है चश्मे–जानाँ[12] सुर्ख़

मुआ[13] हूँ इश्क़ में गुल पैरहन[14] के लाज़िम[15] है
मिरा कफ़न भी हो जूँ[16] जामा–ए–शहीदां[17] सुर्ख़

करम जो ग़ैर पे देखा लहू उतर आया
न पूछ क्यूँ तिरी आँखें हैं बन के नादां सुर्ख़

हमारे ख़ून का धब्बा न जाये हश्र तलक[18]
वो लाख बदले क़बा[19] पर रहेगा दामाँ सुर्ख़

ग़रीक़े–गिर्या–ए–ख़ूनीं[20] रहा न कर 'मोमिन'
लिबास यानी पहनते नहीं मुसल्माँ सुर्ख़[21]

---

1. प्रतिद्वन्द्वी 2. आँसू 3. रोने से लाल हुई आँखें 4. कुर्ते की बाँह 5. आँचल 6. सौन्दर्य का प्रकटन 7. प्रेयसी के मुँह पर उगे रोयें 8. पत्तों के नीचे 9. प्रकट 10. कोप की शंका 11. मदिरापान से हुई अत्यधिक मस्ती 12. प्रियतम की आँखें 13. मरना 14. फूल का परिधान 15. आवश्यक 16. जैसे 17. शहीदों के वस्त्र 18. महाप्रलय तक 19. कपड़े 20. रक्त के आँसुओं में डूबा 21. धर्मशास्त्र के अनुसार मुसलमान का लाल वस्त्र पहनना वर्जित है।

हम दामे–मुहब्बत[1] से इधर छूटे उधर बन्द
परवाज़[2] भी की आह तो जूँ ताइरे–पर बन्द[3]

देखा न किसी की तरफ़ ईमा–ए–हया[4] से
जादू को किया नर्गिसे–जादू[5] ने नज़रबन्द

ये मुश्त[6] परे–सोख़्ता[7] फूँकेंगे क़फ़स[8] को
तू साथ किसी के मुझे सय्याद[9] न कर बन्द

वो आख़िरे–शब आये हैं कुछ बात तो कर लूँ
कर अपनी ज़बाँ दम के दम ऐ मुर्ग़े–सहर[10] बन्द

शायद कहीं तूने भी उसे ख़्वाब में देखा
आँखें तिरी ऐ बख़्त[11] हैं क्यूँ आठ पहर बन्द

ऐ सोज़िशे–सीना[12] मुझे वो सीना दिखा दे
खोले तिरी गर्मी से वो घबरा के मगर[13] बन्द[14]

क्या हज़रते–'मोमिन' कहीं काबे को सिधारे
सुनसान है घर किसलिए क्यूँ आज है दर बन्द

---

1. प्रेम–जाल 2. उड़ान 3. बेबस परिन्दे की तरह 4. शर्म का संकेत 5. जादू करने वाली आँख, प्रेयसी की आँख 6. मुट्ठी भर 7. जलते हुए पंख 8. पिंजरा 9. शिकारी 10. प्रातःकालीन चिड़िया 11. भाग्य 12. हृदय की जलन 13. शायद 14. वस्त्र के बन्द।

गुर्बत[1] में गुल खिलाये है क्या–क्या वतन की याद
जैसे क़फ़स[2] में मुर्ग़े–चमन[3] को चमन की याद

गुलगूं क़बा[4] पहन के किया क़त्ल ग़ैर को
क्या आई अपने कुश्ता–ए–ख़ूनीं क़फ़न[5] की याद

ऐ मुहतसिब[6] न तोड़ यूँ शीशे को देखना
आती है मुझको संगदिले–दिलशिकन की याद

ता शिकवा[7] ग़ैर का न करूँ मुझसे कहते हैं
क्यूँ सरगुज़िश्त[8] तुमको भी है कोहकन[9] की याद

फिर पैरहन[10] के होते हैं टुकड़े ब–रंगे–गुल[11]
फिर मुझको आ गई किसी गुल पैरहन[12] की याद

है कुफ़्रो–बिदअत[13] एक नहीं तारे–सुबहा[14] से
ज़ुन्नार[15] 'मोमिन' आये है क्यूँ बिरहमन की याद

---

1. परदेश 2. पिंजरा 3. उद्यान का पक्षी 4. लाल रंग वाला अंगरखा 5. वधित के रक्तरंजित कफ़न 6. मदिरालय में हिसाब और निगरानी करने वाला 7. ताकि शिकायत 8. वृत्तान्त 9. फ़रहाद की उपाधि 10. परिधान 11. फूल की भाँति 12. लाल वस्त्र पहनने वाला, प्रेयसी 13. कुफ़्र=जो धर्म में अस्वीकार्य हो, बिदअत=वह नई बात जो इस्लाम धर्म के अनुकूल न हो 14. जयमाला का धागा 15. जनेऊ।

नामा[1] रोने में जो लिक्खा तो ये भीगा काग़ज़
कि बना हम गुहरे[2] सफ़्हा–ए–दरिया[3] काग़ज़

उसके कूचे से चला आये है उड़ता काग़ज़
फाड़ कर फेंक दिया क्या मिरे ख़त का काग़ज़

क्या जवाब आये कि कसरत[4] से ख़तों की मेरे
कीमियायाब[5] सियाही बनी अन्क़ा[6] काग़ज़

सब नविश्ते[7] तिरे अग़्यार[8] को दिखलाऊँगा
जानता है तू मिरे पास हैं क्या–क्या काग़ज़

रंग उड़ जाने का अहवाल[9] उसे लिखना है
ज़र्दी–ए–रुख़[10] से ज़र अफ़्शाँ[11] मैं करूँगा काग़ज़

याँ तलक तो हूँ सियहकार[12] कोई पढ़ न सका
हश्र[13] में जब मिरे आमाल[14] का खोला काग़ज़

तू ग़ज़लसंज[15] है या मर्सियाख़्वाँ[16] ऐ 'मोमिन'
रो दिया जिसने कि देखा तिरा लिखा काग़ज़

---

1. पत्र 2. मोती 3. नदी की सतह 4. बाहुल्य 5. रसायन 6. एक काल्पनिक पक्षी 7. लेख पत्र 8. प्रतिद्वन्दी 9. हाल का बहुवचन 10. मुँह का पीला पड़ना 11. स्वर्ण छिड़कने वाला 12. पापी 13. प्रलय 14. कार्यों का 15. यथोचित ग़ज़ल कहने वाला 16. मर्सिया पढ़ने वाला, मर्सिया=शोक काव्य।

ऐ तुंदख़ू[1] आ जा कहीं तेग़ा[2] कमर से बाँध कर
किन मुद्दतों[3] से हम कफ़न फिरते हैं सर से बाँध[4] कर

या वो डुबोयेगा ज़मीं या हम डुबोयेंगे फ़लक
आ जाये तो रोते हैं हम शर्त अब्रे–तर[5] से बाँध कर

ख़त में तो लिख सकता नहीं अहवाले–सोज़े–दिल[6] उसे
पर[7] भेज दूँ जी में है परवाने के पर[8] से बाँध कर

आ झाँक तू भी तो कहीं बेदीद[9] कैसी टकटकी
बैठे हुए हैं रोज़ने–दीवारो–दर[10] से बाँध कर

जर्राह[11] क्या सोचा बता क्या रंग देखा क्या हुआ
क्यूँ खोल ली पट्टी मिरे ज़ख़्मे–जिगर[12] से बाँध कर

दीवाना–ए–नाजुक[13] हूँ मैं फ़स्सादे–मिज़गाँ नेशतर[14]
ले फ़स्द[15] मेरे हाथ को तारे–नज़र से बाँध[16] कर

'मोमिन' से अच्छी हो ग़ज़ल था इसलिए ये ज़ोर शोर
क्या–क्या मज़ामीं लाये हम किस–किस हुनर से बाँध कर

---

1. तेज़ स्वभाव वाला 2. छोटी तलवार 3. एक अवधि से 4. जान हथेली पर लिए फिरना 5. पानी से भरा बादल 6. हृदय की जलन की दशा 7. लेकिन 8. पंख, 9. दर्शन के बग़ैर 10. दीवार और द्वार का छेद 11. शल्य–चिकित्सक 12. जिगर का घाव 13. कमज़ोर प्रेमी 14. पलकों के भाले से रक्त निकालने वाला, प्रेयसी 15. जाँच के लिए रग से रक्त लेना 16. नसों की स्पष्टता के लिए बाँधी जाने वाली पट्टी, नज़र का धागा।

याद उसकी गर्मी–ए–सुहबत[1] दिलाती है बहार
आतिशे–गुल[2] से मिरा सीना जलाती है बहार

कोहो–सह्रा[3] में पये–फ़रहत[4] फिराती है बहार
मैं तो क्या उनको भी दीवाना बनाती है बहार

आमद–आमद[5] है चमन में किस समनअंदाम[6] की
सब्ज़ा–ए–ख़्वाबीदा[7] से मख़मल बिछाती है बहार

जोशे–गुल[8] से याद आती हैं तिरी रंगीनियाँ
रंगे–रफ़्ता[9] से मिरे क्या रंग लाती है बहार

इम्तियाज़े–दिलदही–ओ–दिलबरी[10] में फ़र्क़ है
तुमको भाती है ख़िज़ाँ[11] और हम को भाती है बहार[12]

मह्वे–हैरत[13] को विसालो–हिज्र[14] दोनों एक हैं
बुल्बुले–तस्वीर[15] को कब याद आती है बहार

---

1. संगत की उमंग 2. फूल की आग, फूल का लाल रंग 3. पहाड़ और जंगल 4. प्रसन्नता के लिए 5. आगमन की धूमधाम 6. चमेली के फूल जैसे सुगन्धित और कोमल शरीर वाला 7. सोने के लिए हरीतिमा 8. फूल का उत्साह 9. उड़ा हुआ रंग 10. दिल को ढाढ़स बँधाना और दिल उड़ाना अर्थात् प्रेमी और प्रेयसी में फ़र्क़ है 11. पतझड़, प्रेमी का दिल 12. प्रेयसी का दिल 13. आश्चर्य में डूबना 14. मिलन और बिछोह 15. तस्वीर की बुलबुल।

दाग़ और ज़ख़्म[16] इसमें हैं जो लाला–ओ–गुल[17] उसमें हैं
फ़स्ल है या आप के आशिक़ की छाती है बहार

इब्तिदा–ए–फ़स्ल[18] ही में ग़ैर भी खाते हैं गुल[19]
देखिए इस साल क्या–क्या गुल खिलाती है बहार

चश्मे–गुलशन[19] पर क़दम रखता हुआ कौन आयेगा
इत्र फ़ित्ना[20] में गुले–नर्गिस बसाती है बहार

गुंचा[21] हाय आरज़ू–ए–'मोमिन'[22] अब खिलने को है
ख़ैरमक़दम[23] गुलशने–ईमाँ[24] में आती है बहार

---

16. दुःख और घाव 17. फूलों के नाम 18. ऋतु के आरम्भ 19. गुल खाना=आसक्त होना, ईर्ष्यालु 20. उद्यान की आँख, नर्गिस का फूल 21. एक इत्र का नाम 22. कली 23. मोमिन की आकांक्षा 24. स्वागत, शुभागमन 25. धर्म उद्यान।

बेमुरव्वत[1] नातवाँबीं[2] हँस दे रोता देख कर
दिल दिया मैंने उसे क्या जानिए क्या देख कर

क़ैस[3] की दीवानगी में अक़्ल क्या हैरान है
मुझको वहशत[4] हो गई तस्वीरे–लैला देख कर

ख़ाक़ में क्यूँ कर न लोटूँ बँध गया सौदे में ध्यान
उसके सह्ने–ख़ाना[5] का पहना–ए–सह्रा[6] देख कर

उसके हटते ही अँधेरा आ गया ऐसा कि बस
गिर पड़ा मैं रोज़ने–दीवार[7] को वा[8] देख कर

क्या तमाशा था झपकना आँख का बेइख़्तियार[9]
आईने को हाथ से उसने न छोड़ा देख कर

क्यूँ न घबराये वो मैं घबरा गया बलबे[10] हुजूम[11]
हसरतें[12] आती हैं क्या–क्या उसको तन्हा देख कर

कर लिया ख़ाक आप को उस बुत के दर पर हाय हाय
जल गया जी लाश को 'मोमिन' की जलता देख कर

---

1. निष्ठुर 2. ईर्ष्यालु, प्रेयसी 3. मजनूँ 4. पागलपन 5. घर का आँगन 6. जंगल का विस्तार, 7. दीवार का छेद 8. खुला 9. सहसा 10. वाह वाह 11. इकट्ठी 12. अपूर्ण इच्छाएँ।

'मोमिन' खुदा के वास्ते ऐसा मकाँ न छोड़
दोज़ख[1] में डाल खुल्द[2] को कू–ए–बुताँ[3] न छोड़

आशिक़[4] तो जानते हैं वो ऐ दिल यही सही
हरचन्द[5] बेअसर है पर आहो–फ़ुग़ाँ[6] न छोड़

इस तब्‌ऐ–नाज़नीं[7] को कहाँ ताबे–इन्फ़आल[8]
जासूस मेरे वास्ते ऐ बदगुमाँ[9] न छोड़

ज़ख़्मी किया उदू[10] को तो मरना मुहाल[11] है
कुर्बान जाऊँ तेरे मुझे नीमजाँ[12] न छोड़

जिस कूचे में गुज़ार सबा[13] का न हो सके
ऐ अन्दलीब[14] उसके लिए गुलसिताँ[15] न छोड़

होता है इस जहीम[16] में हासिल विसाले–हूर[17]
'मो.िन' अजब बहिश्त[18] है दैरे–मुग़ाँ[19] न छोड़

---

1. नरक 2. स्वर्ग 3. प्रियतम की गली 4. आसक्त 5. कितना भी 6. आर्तनाद और दुहाई 7. गर्वीला स्वभाव 8. लज्जित होने की सहनशक्ति 9. किसी की ओर से बुरी धारणा रखने वाला, प्रेयसी, 10. शत्रु 11. कठिन 12. अधमरा 13. समीर 14. बुलबुल 15. उद्यान 16. नरक, दहकती हुई आग 17. अप्सराओं का मिलन प्राप्त होना 18. स्वर्ग 19. अग्निपूजकों का पूजा स्थल।

हिज्राँ[1] का शिकवा[2] लब तलक आया नहीं हनोज़
लुत्फ़े–विसाल[3] ग़ैर ने पाया नहीं हनोज़[4]

ऐ जज़्बे–दिल[5] वो शोख़े–सितमगर[6] तो यकतरफ़[7]
पैग़ाम ले के भी कोई आया नहीं हनोज़

यकचन्द[8] और काहिशे–ग़म[9] चश्मे–इल्तिफ़ात[10]
मैं यार की नज़र में समाया नहीं हनोज़

क्यूँ कर[11] मुझे गुनाहे–ज़ुलेख़ा[12] यक़ीन आये
दामन को तेरे हाथ लगाया नहीं हनोज़

ऐसे सितम किये कि मिरा जी बिठा दिया
हरचंद[13] सर फ़लक ने उठाया नहीं हनोज़

नासेह[14] रक़ीब से है बदआमेज़तर[15] कहीं
पर मैंने तेरा हाल सुनाया नहीं हनोज़

अब की वुफ़ूरे–इश्क़े–सनम[16] में है गुफ़्तगू[17]
'मोमिन' वो लब पे हाय ख़ुदाया[18] नहीं हनोज़

---

1. बिछोह 2. शिकायत 3. मिलन का आनन्द 4. अभी तक 5. प्रेमाकर्षण 6. चंचल प्रेयसी 7. एक ओर 8. थोड़ा 9. दुख से क्षीणता 10. कृपादृष्टि 11. कैसे 12. जुलेखा का गुनाह यह था कि उसने हज़रत यूसुफ़ का दामन खींचकर उन्हें अपनी तरफ़ आकर्षित करना चाहा था 13. जिस क़दर 14. उपदेशक 15. बुरी सलाह देने वाला 16. प्रियतम का प्रेमाधिक्य 17. वार्तालाप 18. हे ईश्वर।

यूँ है शुआ–ए–दाग़[1] मिरे दिल के आस–पास
हाला[2] हो जिस तरह महे–कामिल[3] के आस–पास

डूबा जो कोई आह किनारे पे आ गया
तुग़याने–बहरे–इश्क़[4] है साहिल[5] के आस–पास

ये ग़ैरते–वफ़ा[6] का असर है कि बुल्हवस[7]
बिस्मिल[8] तड़पते हैं तिरे बिस्मिल के आस–पास

ऐ क़ैस[9] तेरे नाले[10] की ग़ैरत[11] को क्या हुआ
लैला ने ज़ंग[12] बाँधे हैं महमिल[13] के आस–पास

काफ़िर[14] है कौन हम में से 'मोमिन' फिरे है तू
काबे के आस–पास तो मैं दिल के आस–पास

---

1. दुःख का आलोक 2. आभामण्डल 3. चौदहवीं का चाँद 4. प्रेम सागर की उद्दण्डता 5. किनारा 6. प्रेम निर्वाह की लाज 7. लोलुप 8. घायल 9. मजनूँ 10. आर्तनाद 11. स्वाभिमान 12. घण्टी 13. ऊँट पर बाँधने का कजावा 14. नास्तिक।

कल देख कर वो इज़ार–आतिश[1]
क्या–क्या ही जली है यार आतिश

उफ़ री तपे–गर्मी–ए–मुहब्बत[2]
इस नाम पे जाँनिसार[3] आतिश

दिल को मिरे पूज गब्र[4] जिसको
सिज्दे[5] करे बार–बार आतिश

तूने तो वहाँ लगाई मेहँदी
याँ दिल में लगी निगारे[6]–आतिश

मत आइयो मेरी ख़ाक पर तू
बरसे है सरे–मज़ार[7] आतिश[8]

देखे है तू और लगी है दिल में
ऐ दीदा–ए–अश्कबार[9] आतिश

पढ़ता है कहीं ग़ज़ल जो 'मोमिन'
लग उठती है एक बार आतिश

---

1. गालों की सुर्ख़ी 2. प्रेमावेग की आँच 3. प्राण–न्योछावर 4. अग्निपूजक 5. आस्था में सर झुकाना 6. आग का चित्र 7. समाधि–स्थल पर 8. आग 9. आँसू बहाने वाले नेत्र।

रोज़ होता है बयाँ[1] ग़ैर का अपना इख़्लास[2]
चश्मे–बद दूर[3] तुम्हें हम से भी है क्या इख़्लास

ग़ैर[4] से लुत्फ़[5] की बातें हैं मिरे छेड़ने को
दुश्मनी कहते हैं जिसको वो तुम्हारा इख़्लास

जुंबिशे–लब[6] की तिरे पूछने को कैफ़ीयत[7]
तिरे बीमार से करता है मसीहा इख़्लास

मौत भी आ न फिरी पास हमारे शबे–हिज्र[8]
सच तो ये है कि बुरे वक़्त में कैसा इख़्लास

'मोमिन' इस ज़ुह्द रियाई[9] से भी क्या बदतर[10] है
उस बुते–दुश्मने–ईमाँ[11] से हमारा इख़्लास

---

1. वर्णन, 2. सच्चा और निष्कपट, प्रेम, 3. बुरी नज़र न लगे, 4. शत्रु, अन्य, 5. आनन्द, 6. होंठों का हिलना, 7. विशेष मनःस्थिति, 8. विरह की रात, 9. इन्द्रिय निग्रह का दिखावा, 10. बुरा, 11. धर्म विरोधी सुन्दरी।

बेसब्र[1] को कहाँ तपे–दाग़े–जिगर[2] से फ़ैज़[3]
गुलचीं[4] को कब हुआ शजरे–बारवर[5] से फ़ैज़

मिलने को ख़ाक[6] ही में बख़ीलों[7] का माल है
देखो तो है किसी को भी गुंचे[8] के ज़र[9] से फ़ैज़

ज़ाहिद[10] निगाह भर के वो बेदीद[11] देख ले
इतना हुआ न ख़िदमते–अहले–नज़र[12] से फ़ैज़

तस्वीर से तिरी मुझे तस्कीने–दिल[13] कहाँ
क्या ख़ाक तिश्नाकाम[14] को आबे–गुह्र[15] से फ़ैज़

क्यूँ कर न ग़म[16] हो ख़ल्क़[17] को 'मोमिन' की मर्ग[18] का
था सबको उसकी ज़ाते–सरापा हुनर[19] से फ़ैज़

---

1. धैर्यहीन 2. दिल के दुःख की जलन 3. लाभ 4. माली 5. फल लगा पेड़ 6. मिट्टी 7. कंजूसों 8. कली 9. पराग 10. संयमी 11. निष्ठुर, दर्शन न देने वाला 12. नज़र रखने वाले–प्रेयसी–की सेवा 13. दिल की सान्त्वना 14. प्यासा 15. मोती का पानी, 16. दुःख 17. संसार 18. मौत 19. सर से पैर तक कलात्मक।

हर गुंचा लब[1] से इश्क़ का इज़्हार[2] है ग़लत
इस मुबहिसे–सहीह[3] की तकरार[4] है ग़लत

कहना पड़ा दुरुस्त[5] कि इतना रहे लिहाज़[6]
हरचन्द[7] वस्ले–ग़ैर[8] का इनकार है ग़लत

उठ जा कहाँ तलक कोई बातें उठायेगा
नासेह[9] तू ख़ुद ग़लत तिरी गुफ़्तार[10] है ग़लत

क्या जज़्बे–इन्तज़ार[11] की तासीर[12] बेवफ़ा
मुन्किर[13] न हो तो पहले ही इक़रार[14] है ग़लत

सच तो ये है कि उस बुते–काफ़िर[15] के दौर में
लाफ़ो–गुज़ाफ़[16] 'मोमिने'–दींदार[17] है ग़लत

---

1. कली जैसे होंठों वाली 2. अभिव्यक्ति 3. सच्ची बात, बहस 4. पुनरावृत्ति 5. उचित, 6. शील, संकोच 7. यद्यपि 8. अन्य से मिलन 9. उपदेशक 10. बातचीत 11. प्रतीक्षा की भावना 12. प्रभाव 13. कृतघ्न, इनकार करने वाला 14. वचन 15. कृतघ्न सुन्दरी 16. बकवास 17. धर्मनिष्ठ मोमिन।

हाँ तो क्यूँ कर[1] न करे तर्के–बुताँ[2] ऐ वाइज़
ऐसी हूरें[3] तिरी क़िस्मत में कहाँ ऐ वाइज़[4]

सच है काफ़िर तिरी तक़रीर[5] से क्यूँ कर न जलें
शोला–ए–आतिशे–दोज़ख[6] है ज़बाँ ऐ वाइज़

हूर की मदह[7] में क्या तर्के–सनम[8] का मज़्कूर[9]
यही बातें हैं मिरे दिल पे गिराँ[10] ऐ वाइज़

जो मिलें तुझसे ब–सद शौक़[11] वो क्या होंगी न कर
बस मिरे सामने हूरों का बयाँ ऐ वाइज़

शर्म की बात नहीं है ये असर हो क्यूँ कर
न मैं 'मोमिन' हूँ न तू पीरे–मुग़ाँ[12] ऐ वाइज़

---

1. कैसे 2. सुन्दरियों का त्याग 3. स्वर्ग में रहने वाली 4. धर्मोपदेशक 5. वक्तव्य 6. नरकाग्नि का अंगारा 7. प्रशंसा 8. प्रेयसी का त्याग 9. उल्लेख 10. बोझ, 11. सैकड़ों अभिलाषाएँ 12. मदिरा पिलाने वाला बुजुर्ग।

किस ज़ब्त[1] पर शरारफिशाँ[2] है फुग़ाने–शम्अ[3]
इक बर्क़[4] थी जो लाल न होती ज़बाने–शम्अ[5]

रोशन[6] है अहले–बज़्म[7] पे शिकवा नसीम[8] का
इस बहकती ज़बान पे देखो बयाने–शम्अ[9]

मुझ बेगुनंह के क़त्ल में क्यूँ सोच देख ले
बिन बोले लोग करते हैं क़त्अे–ज़बाने–शम्अ[10]

इसको भी कोई पर्दानशीं[11] ही जलाये है
फ़ानूस[12] से सुना है ये राज़े–निहाने–शम्अ[13]

इक और पढ़ वो 'मोमिन'–शोला ज़बाँ[14] ग़ज़ल
जल जायें जिसके रश्क[15] से हासिद ब–साने–शम्अ[16]

---

1. सहनशीलता 2. चिंगारी बिखेरने वाली 3. शम्अ का आर्तनाद, 4. बिजली, 5. शम्अ की लौ को ज़बान भी कहते हैं 6. स्पष्ट 7. सभा वालों 8. हवा 9. शम्अ की अभिव्यक्ति 10. शम्अ के जले सिरे को काटना 11. पर्दे में रहने वाली, प्रेयसी 12. काँच का पात्र जिसमें मोमबत्ती जलाते हैं 13. शम्अ का गुप्त भेद 14. ऐ आग लगा देने वाले मोमिन 15. ईर्ष्या 16. ईर्ष्यालु शम्अ की तरह।

मत कह शबे–विसाल[1] कि ठण्डा न कर चिराग़[2]
ज़ालिम जला है मेरी तरह उम्र भर चिराग़

परवाने क्यूँ न सदक़े[3] हों इस आग के कि है
हर रिश्त–ए–फ़तीला–ए–ज़ख़्मे–जिगर[4] चिराग़

जुल्फ़ें उठाओ रुख़ से कि दिल की जलन मिटे
बुझ जाये है जहान में वक़्ते–सहर[5] चिराग़

क्या ख़ूब रोशनी है कि चेहरे की ताब[6] से
है दाग़ बुल्हवस[7] तिरी मज्लिस[8] में हर चिराग़

है शामे–इन्तज़ार[9] तमाशा–ए–सोख़तन[10]
जलते हैं ता–ब–सुब्ह[11] इधर हम उधर चिराग़

उस शोलारू[12] ने ता कि पसे–मर्ग[13] भी जलूँ
जलवाये दुश्मनों से मिरी गोर[14] पर चिराग़

'मोमिन' ये शाइरों का मिरे आगे रंग है
जूँ[15] पेशे–आफ़ताब[16] हो बेनूरतर[17] चिराग़

---

1. मिलन की रात 2. चिराग ठण्डा करना, बुझाना 3. न्योछावर 4. दिल के घाव की बत्ती का धागा 5. प्रातःकाल 6. आभा, चमक 7. लोलुप 8. सभा 9. प्रतीक्षा की शाम 10. जलने का खेल 11. प्रातःकाल तक 12. लाल गालों वाली 13. मरने के बाद 14. क़ब्र, समाधि 15. जैसे 16. सूर्य के आगे 17. सर्वथा प्रकाशहीन।

मज्लिस[1] में ता[2] न देख सकूँ यार की तरफ़
देखे है मुझको देख के अग़्यार[3] की तरफ़

कितना शुआ–ए–मेह्र[4] ने हैराँ किया हमें
तकते हैं कब से रोज़ने–दीवार[5] की तरफ़

शामे–फ़िराक़[6] ख़्वाबे–अदम[7] का है इन्तज़ार
आँखें लगी हैं दौलते–बेदार[8] की तरफ़

दिल बादे–क़त्ल भी नहीं फिरता[9] कि गोर[10] में
मुँह फिर गया है कू–ए–सितमगार[11] की तरफ़

काफ़िर गले लगा है तो 'मोमिन' के मत मुकर
देख अपने नक़्शे–रिश्ता–ए–ज़ुन्नार[12] की तरफ़

---

1. सभा 2. ताकि 3. प्रतिद्वन्द्वी 4. सूर्य की किरण 5. दीवार के छेद 6. वियोग सन्ध्या 7. परलोक की नींद 8. भाग्य का जागृत होना 9. विमुख होना 10. क़ब्र 11. प्रेयसी की गली 12. जनेऊ के धागे का निशान।

क़ह्र[1] है मौत है क़ज़ा[2] है इश्क़
सच तो ये है बुरी बला है इश्क़

आफ़ते–जाँ है कोई पर्दानशीं
कि मिरे दिल में आ छुपा है इश्क़

देखिए किस जगह डुबोवेगा
मिरी कश्ती का नाख़ुदा[3] है इश्क़

अब तो दिल इश्क़ का मज़ा चखना
हम न कहते थे क्यूँ बुरा है इश्क़

आप मुझसे निबाहेंगे सच है
बावफ़ा[4] हुस्न बेवफ़ा है इश्क़

मैं वो मजनून[5] वहशत आरा[6] हूँ
नाम से मेरे भागता है इश्क़

क़ैसो–फ़रहादो–वामिक़ो–'मोमिन'[7]
मर गये सब ही क्या वबा[8] है इश्क़

---

1. दैवी कोप 2. मृत्यु 3. नाविक 4. वचन निभाने वाला 5. पागल 6. भय कराने वाला 7. क़ैस–लैला का प्रेमी, फ़रहाद–शीरीं का प्रेमी, वामिक़–अरब का एक प्रेमी जो अज़्रा पर आसक्त था और मोमिन 8. महामारी।

इम्तिहाँ के लिए जफ़ा[1] कब तक
इल्तिफ़ाते–सितमनुमा[2] कब तक

ग़ैर है बेवफ़ा प[3] तुम तो कहो
है इरादा निबाह का कब तक

मुझ पे आशिक़[4] नहीं है कुछ ज़ालिम
सब्र आख़िर करे वफ़ा कब तक

तुमको ख़ू[5] हो गई बुराई की
दरगुज़र[6] कीजिए भला कब तक

मर चले अब तो उस सनम से मिलें
'मोमिन' अन्देशा–ए–ख़ुदा[7] कब तक

---

1. अन्याय 2. अत्याचार रूपी कृपा 3. किन्तु 4. आसक्त 5. आदत 6. अनदेखा करना, 7. ईश्वर की चिन्ता।

लगाई आह ने ग़ैरों के घर आग
हुए क्या–क्या वो इतनी बात पर आग

वुफ़ूरे–अश्को–तुग़याने–फ़ुग़ाँ[1] है
किधर जाऊँ इधर पानी उधर आग

समन्दर[2] कर दिया आतिशरुख़ों[3] ने
कि गिर पड़ता हूँ आते ही नज़र आग

जलाया आतिशे–हिज्राँ[4] ने दिल को
तिरे घर में लगी ऐ बेख़बर आग

निचोड़ेंगे हम अपना दामने–तर
जहन्नुम[5] में है ऐ वाइज़[6] अगर आग

धुआँ उठता है दिल से वक़्ते–गिर्या[7]
बुझा दी तूने क्या ऐ चश्मे–तर[8] आग

पढ़े 'मोमिन' ने क्या–क्या गर्म अश्आर[9]
भरी थी दिल में यारब किस क़दर आग

---

1. आँसुओं का प्राचुर्य और आर्तनाद का प्लावन 2. अग्निकीट, एक कीड़ा जिसकी उत्पत्ति आग से है 3. जिसका मुँह आग जैसा लाल हो 4. विरह अग्नि 5. नरक 6. धर्मोपदेशक 7. रोने के समय 8. भीगे नेत्र 9. शेर का बहुवचन, कविता।

बसकि[1] मुश्ताक़[2] नाज़े–यार[3] है दिल
सितम आमोज़े–रोज़गार[4] है दिल

ज़ुल्फ़े–मुश्कीं[5] में काहे को रखते
क्या ख़बर थी उन्हें फ़िगार[6] है दिल

वस्ले–जानाँ[7] कहाँ सिवा–ए–ख़याल[8]
हम हैं मायूस[9] उमीदवार[10] है दिल

क्या कहूँ मैं हुजूमे–यासो–उमीद[11]
रश्क[12] हंगाम[13] इन्तज़ार है दिल

शबे–हिज्राँ[14] को समझा रोज़े–जज़ा[15]
'मोमिन' ऐसा सियाहकार[16] है दिल

---

1. चूँकि 2. अभिलाषी 3. प्रियतम के हाव–भाव 4. अत्याचार सिखाने का उद्यम 5. सुगन्धित लटें 6. घायल 7. प्रेमिका से मिलन 8. कल्पना के अतिरिक्त 9. निराश 10. आशान्वित 11. आशा व निराशा की भरमार 12. ईर्ष्या 13. कोलाहल 14. विरह रात्रि 15. न्याय का दिन 16. पापी।

क्या करूँ क्यूँ कर रुकूँ नासेह रुका जाता है दिल
पेश[1] क्या चलती है उससे जिस पर आ जाता है दिल

या इलाही मुझको किस पर्दानशीं का ग़म लगा
सीने में अन्दर ही अन्दर कुछ घुला जाता है दिल

कोई सुनता ही नहीं बकता है क्यूँ दीवानावार
मेरे दिल के साथ नासेह का भी क्या जाता है दिल

मत बिगड़ तू हरज़ागर्दी[2] से मिरी इन्साफ़ कर
कुछ भी बन आती है जब ऐ बेवफ़ा जाता है दिल

वो सितमगर[3] दिलबरे–आलम[4] इधर आता है अब
क्या बनेगी देखिए रहता है या जाता है दिल

आमदे–गिर्या[5] दमे–अंदोह[6] बेमूजिब[7] नहीं
सीने में रुकता है जब आँखों में आ जाता है दिल

जानता हूँ मैं तो मस्जिद में रहूँ 'मोमिन' वले
क्या करूँ बुतख़ाना के जानिब[8] खिंचा जाता है दिल

---

1. ज़ोर 2. व्यर्थ और बेकार में घूमना–फिरना 3. अत्याचार करने वाली 4. संसार का दिल उड़ा लेने वाला, प्रेयसी 5. रोना आना 6. दुःख के समय 7. अकारण 8. तरफ़।

शाम से ता सुब्ह मुज़्तर[1] सुब्ह से ता शाम हम
एक आलम[2] में हैं क्यूँ ऐ गर्दिशे–अय्याम[3] हम

शब रहे तुझ बिन ज़िबस[4] बेचैन बेआराम हम
सुब्ह तक रोया किये ले–ले के तेरा नाम हम

आन बैठा कौन कोठे पर जो यूँ हैरान–से
ख़ाक पर चुपके पड़े तकते हैं सू–ए–बाम[5] हम

तू ख़बर ला क्या कहा क़ासिद से छुपते फिरते हैं
हमदम उस पर्दानशीं को भेज कर पैग़ाम हम

आईने का बोसा ले तू अक्से–लब[6] को देख कर
और बस रह जायें यूँ नाकाम ऐ ख़ुदकाम[7] हम

पहुँचते वाँ तक तो उस पर्दानशीं को देखते
काश होते चश्मे–नर्गिस[8] दीदा–ए–बादाम[9] हम

गर तिरे कूचे को दी काबे से निस्बत[10] क्या गुनाह
'मोमिन' आख़िर थे कभी ऐ दुश्मने–इस्लाम[11] हम

---

1. व्याकुल 2. हालत 3. दिनों का फेर 4. बहुत 5. छत की ओर 6. होंठ का प्रतिबिम्ब 7. निरंकुश 8. नर्गिस, फूल की आँख 9. बादाम की तरह नेत्र 10. तुलना, समता 11. प्रेयसी के लिए प्रयुक्त हुआ है।

ठानी थी दिल में अब न मिलेंगे किसी से हम
पर क्या करें कि हो गये नाचार जी से हम

हँसते जो देखते हैं किसी को किसी से हम
मुँह देख देख रोते हैं किस बेकसी[1] से हम

हमसे न बोलो तुम इसे क्या कहते हैं भला
इन्साफ़ कीजे पूछते हैं आप ही से हम

साहिब ने इस गुलाम को आज़ाद कर दिया
लो बन्दगी कि छूट गये बन्दगी से हम

क्या गुल खिलेगा देखिए है फ़स्ले–गुल[2] तो दूर
और सू–ए–दश्त[3] भागते हैं कुछ अभी से हम

है छेड़ इख़्तिलात[4] भी ग़ैरों के सामने
हँसने के बदले रोयें न क्यूँ गुदगुदी से हम

ले नाम आरज़ू[5] का तो दिल को निकाल लें
'मोमिन' न हों जो रब्त[6] रखें बिदअती[7] से हम

---

1. निस्सहाय 2. बहार की ऋतु 3. जंगल की ओर 4. प्रेम–व्यवहार 5. आकांक्षा 6. लगाव, सम्बन्ध 7. वह बात जो धर्मानुकूल न हो।

नासेह[1] नादान ये दानाई[2] नहीं
दिल को समझाऊँ मैं सौदाई[3] नहीं

किस तवक़्क़ो[4] पर उमीदे–वस्ल[5] अब
ताक़ते–सब्रो–शिकेबाई[6] नहीं

है दुआ भी बेअसर गोया कहीं
अर्ज़े आशिक़[7] की पज़ीराई[8] नहीं

दर्दे–दिल तो सुन ले ज़ालिम एक बार
गो दिमाग़े–चाराफ़र्माई[9] नहीं

तर्के–मज़हब[10] क्यूँ करूँ 'मोमिन' मैं क्या
उस सनम को लाफ़–यकताई[11] नहीं

---

1. प्रेम–त्याग का उपदेश देने वाला 2. बुद्धिमता 3. पागल प्रेमी 4. भरोसा 5. मिलन की आशा 6. धैर्य और सहिष्णुता का सामर्थ्य 7. प्रेमी की प्रार्थना 8. स्वीकृति 9. उपचार करने का ध्यान 10. धर्म त्याग 11. अद्वितीय होने की डींग।

चैन आता ही नहीं सोते हैं जिस पहलू हमें
इज़्तिराबे–दिल[1] ग़रज़[2] जीने न देगा तू हमें

देखते ही गुल नज़र में तेरा हँसना फिर गया
आतिशे–गुल[3] ने लगाई आग ऐ गुलरू[4] हमें

गेसू–ओ–ख़ालो–ख़त[5] अपना दीनो–ईमाँ[6] ले गये
मिल के इक–दो काफ़िरों ने कर दिया हिन्दू हमें

होश क्यूँ जाते रहे और दम हवा क्यूँ हो चला
तुझसे ऐ बादे–सबा[7] आई ये किस की बू हमें

क्या बला उस ज़ुल्फ़े–ख़ुशख़म[8] का तसव्वुर[9] बँध गया
साँप–से दिन–रात आते हैं नज़र हर सू[10] हमें

वहम आता है फ़ुग़ाने–हिज्र[11] कू–ए–यार[12] का
सूरे–इस्राफ़ील[13] है कुमरी तिरी कू–कू हमें

गर यही शौक़े–शहादत[14] है तो 'मोमिन' जी चुके
मार डाले काश कोई काफ़िरे–दिलजू[15] हमें

---

1. हृदय की व्याकुलता 2. मतलब 3. फूल की आग, फूल की लालिमा 4. फूल जैसे मुँह वाली 5. चेहरे पर फूटने वाली रोमावली, तिल और बालों की लटें 6. धर्म और विश्वास 7. प्रातः समीर 8. सुन्दर घुँघराले बाल 9. ध्यान 10. हर तरफ़ 11. विरह का आर्तनाद 12. प्रेयसी की गली 13. इस्राफ़ील फ़रिश्ते का शंख जिसे वे प्रलय के दिन फूँकेंगे 14. बलिदान की अभिलाषा 15. मनमोहक।

बज़्म[1] में उसकी बयाने–दर्दो–ग़म[2] क्यूँ कर करें
वो ख़फ़ा जिस बात से होवे वो हम क्यूँ कर करें

लिखते–लिखते ही सियाही[3] हर्फ़[4] से उड़ जाये है
हाय अहवाले–दिले–मुज़्तर[5] रक़म[6] क्यूँ कर करें

देख लेवे अक्से–रुख़[7] तो क्या बने फिर देख तो
गिर्या[8] उसके सामने ऐ चश्मे–नम[9] क्यूँ कर करें

इज़्तिराबे–शौक़[10] शायद ग़ैर उसके पास हो
जानिबे–चिलवन[11] नज़ारा[12] दम–ब–दम क्यूँ कर करें

सबको होता है जहाँ में पास[13] अपने नाम का
हम भी तो 'मोमिन' हैं दिल नज़्रे–सनम[14] क्यूँ कर करें

---

1. सभा 2. दुःख और क्लेश का चर्चा 3. स्याही 4. अक्षर 5. व्याकुल हृदय की दशा 6. लिखना 7. मुख का प्रतिबिम्ब 8. रोना 9. भीगे नयन 10. अभिलाषा की आतुरता 11. चिक की ओर 12. देखना 13. शील, संकोच 14. प्रेयसी को भेंट।

न तन ही के तिरे बिस्मिल[1] के टुकड़े–टुकड़े हैं
है पाश–पाश[2] जिगर दिल के टुकड़े–टुकड़े हैं

उठा के सोते में दे पटका रात सर शायद
कि ज़ेर[3] सर के मिरे सिल[4] के टुकड़े–टुकड़े हैं

दराज़दस्ती[5] ये किस बेअदब[6] ने की दमे–क़त्ल[7]
तमाम दामने–क़ातिल[8] के टुकड़े–टुकड़े हैं

ये बेहिजाबी[9] बुरी गो[10] मुझी को झाँको तुम
कि रोज़ पर्दा–ए–हाइल[11] के टुकड़े–टुकड़े हैं

ग़ज़लसराई[12] की 'मोमिन' ने क्या कि रश्क[13] से आज
चमन में सीने अनादिल[14] के टुकड़े–टुकड़े हैं

---

1. घायल 2. चूर–चूर 3. नीचे 4. मसाले पीसने का पत्थर का टुकड़ा 5. अन्याय 6. धृष्ट 7. वध के समय 8. हत्यारे का दामन 9. पर्दे के बिना, शील संकोच न रखना 10. यद्यपि 11. आड़ बनने वाला पर्दा 12. ग़ज़ल पढ़ना 13. ईर्ष्या 14. बुलबुलें।

जेबे–दुरुस्त[1] लायके–लुत्फ़ो–करम[2] नहीं
नासेह की दोस्ती भी अदावत[3] से कम नहीं

मंजूर हो तो वस्ल[4] से बेहतर सितम नहीं
इतना रहा हूँ दूर कि हिज्राँ[5] का ग़म नहीं

सीधा न कर दिया हो मिरे ज़ौक़े–क़त्ल[6] ने
क़ातिल के आगे गर्दने–अग़्यार[7] ख़म[8] नहीं

क्या ख़ुश हों कू–ए–ग़ैर[9] में गर नक़्शे–पा[10] न हो
वो शोख़ जानता हूँ कि साबितक़दम[11] नहीं

नासेह कहाँ तलक तिरी बातें उठाऊँगा
सच है कि मुझ में ताक़ते–जोरो–सितम[12] नहीं

आशिक़कुशी[13] है शेवा[14] अगर बुल्हवस[15] सही
आख़िर कुछ अपनी जान के दुश्मन तो हम नहीं

'मोमिन' सू–ए–हरम[16] है तगापो–ए–फ़िक्र[17] क्यूँ
क्या इस ज़मीं[18] में क़ाफ़िया बैतुलसनम[19] नहीं

---

1. सिलाई की हुई जेब 2. तरस और कृपा के योग्य 3. शत्रुता 4. मिलन 5. विरह, 6. वध की रुचि 7. शत्रु की गर्दन 8. झुकी हुई 9. शत्रु की गली 10. पदचिह्न, 11. दृढ़ प्रतिज्ञ 12. अत्याचार और अनीति की सहनशक्ति 13. आसक्तों को मारना, 14. ढंग 5. लोलुप 16. काबे की ओर 17. विचार की दौड़–धूप 18. ग़ज़ल की रदीफ़ क़ाफ़िया और बहर 19. मूर्तिगृह।

कौन कहता है दमे–इश्क़[1] उदू[2] भरते हैं
कि हवा बाँधने[3] को आह कभू भरते हैं

शम्अ पर कुछ नहीं मौकूफ़[4] कि सारे ज़ालिम
पानी आगे तिरे ऐ अर्बुदाजू[5] भरते हैं

उस सितमगर से मगर[6] आँख लड़ी है कि हबाब[7]
कैसे कच्चे घड़े पानी[8] लबे–जू[9] भरते हैं

हालते–नज़्अ[10] है जीते हैं तिरे हिज्र में ख़ाक
दिन जो कुछ उम्र के हैं आईनारू[11] भरते हैं

पी है मय[12] हज़रते–'मोमिन' ने जभी मज़्मज़ा[13] को
आफ़ताबे[14] कई हंगाम वजू भरते हैं

---

1. प्रेम की डींग 2. शत्रु 3. डींग मारना 4. निर्भर 5. लड़ाई–झगड़े की प्रकृति वाला 6. शायद 7. बुलबुला 8. कच्चे घड़े पानी भरना=बेबसी को अभिव्यक्त करना 9. नदी का किनारा 10. मृत्यु की अवस्था 11. आईने जैसे चेहरे वाला 12. मदिरा 13. कुल्ली करना 14. लोटे।

बेमज़ा होकर नमक को बेवफ़ा[1] कहने को हैं
खुल गये ज़ख़्मों के मुँह किस को बुरा कहने को हैं

सब जफ़ाजू[2] उस सितमगर के सिवा[3] कहने को हैं
जिनको चर्ख़ो–मर्ग[4] कहते हैं सुना कहने को[5] हैं

दोस्त करते हैं मलामत ग़ैर करते हैं गिला
क्या क़यामत है मुझी को सब बुरा कहने को हैं

देखना किस हाल से किस हाल को पहुँचा दिया
बख़्त[6] तेरे आशिक़ों के नारसा[7] कहने को हैं

मैं गिला करता हूँ अपना तू न सुन ग़ैरों की बात
हैं यही कहने को वो भी और क्या कहने को हैं

वो नहीं आते न आवें मर्गे–ज़ालिम[8] तू तो आ
याँ लबे–शौक़ो–तमन्ना[9] मरहबा[10] कहने को हैं

हो गये नामे–बुताँ[11] सुनते ही 'मोमिन' बेक़रार
हम न कहते थे कि हज़रत पारसा[12] कहने को हैं

---

1. जो वचन न निभाये 2. नित नये अत्याचार करने वाला 3. बढ़कर 4. आकाश– अत्याचारी और मृत्यु 5. नाममात्र को 6. भाग्य 7. जिसकी पहुँच न हो 8. निष्ठुर मृत्यु 9. अभिलाषाओं और आकांक्षाओं के होंठ 10. शाबाश धन्य 11. प्रेयसी का नाम 12. संयमी।

सूरत दिखाइए जो कभू जा के ख़्वाब में
बेदीद[1] आँख खोल दे झुंझला के ख़्वाब में

वो है बग़ल में तो भी तो याँ नींद उड़ गई
ये सोच है गया न हो आदा[2] के ख़्वाब में

इन नाला हाय शब[3] का असर सुब्ह देखियो
आया ख़लल[4] गर उस सितमआरा[5] के ख़्वाब में

रहता है ध्यान देखते हो जब मुझे नहीं
क्यूँ चौंक–चौंक पड़ते हो घबरा के ख़्वाब में

उसकी गली है नाला–ए–ज़ंजीर[6] गुल[7] न कर
याँ पाँव जागते हैं कोई जा के ख़्वाब में

सो जाऊँ रोते–रोते तो क्या हँस के तान[8] से
कहता है सोते हो मिरे बिन आ के ख़्वाब में

क्या कुफ़्र है कि छोड़ दे सोना ही गर कभी
'मोमिन' नज़र पड़े बुते–तर्सा[9] के ख़्वाब में

---

1. निष्ठुर अक्खड़ 2. शत्रुओं 3. रात के आर्तनाद 4. बाधा 5. प्रेयसी 6. ज़ंजीर की दुहाई 7. शोर 8. कटाक्ष 9. सुन्दरी।

दिखाते आईना[1] हो और मुझ में जान नहीं
कहोगे फिर भी कि मैं तुझ–सा बदगुमान[2] नहीं

जो यार सुलह पे है अब तो आस्मान नहीं
वो मेह्रबान हुआ तो ये मेह्रबान नहीं

तिरे फ़िराक़[3] में आराम एक आन[4] नहीं
ये हम समझ चुके गर तू नहीं तो जान नहीं

न पूछ कुछ मिरा अहवाल मेरी जाँ मुझसे
ये देख लो कि मुझे ताक़ते–बयान नहीं

न पूछे हाल तू जब तक मिरा बयाँ न करूँ
मिरी ज़बान नहीं गर तिरे दहान[5] नहीं

ज़िबस[6] कि देर लगी नामाबर[7] को ढूँढ़ने हम
अदम[8] में जाते हैं गो पाँव के निशान नहीं

निकल के दैर[9] से मस्जिद में जा रह ऐ 'मोमिन'
ख़ुदा का घर तो है तेरे अगर मकान नहीं

---

1. एक बीमारी जिसमें इनसान मुर्दे की तरह निढ़ाल हो जाता है तब उसे आईना दिखाते हैं 2. किसी के लिए बुरी धारणा रखने वाला 3. विरह 4. क्षण 5. मुँह 6. बहुत 7. पत्रवाहक 8. यमलोक 9. गिरजाघर।

हर दम रहीने–कश्मकशे–दस्ते–यार[1] हैं
चिलवन[2] के बन्द किस के गिरेबां के तार[3] हैं

क्या कीजिए कि ताक़ते–नज़्ज़ारा[4] ही नहीं
जितने वो बेहिजाब[5] हैं हम शर्मसार हैं

छाती से मैं लगाये रखूँ क्यूँ न रात–दिन
ये दाग़ो–ज़ख़्म दिल की मिरे यादगार हैं

पानी के बदले बरसेगी आज आग अब्र[6] से
उठते हमारी ख़ाक से भी कुछ बुख़ार हैं

नासेह से मुझको क्यूँ कि न हों बदगुमानियाँ[7]
दुश्मन हैं जो मिरे वो तिरे दोस्तदार हैं

कैसे गिले रक़ीब के क्या ताने–अक़रबा[8]
तेरा ही जी न चाहे तो बातें हज़ार हैं

मुर्दों पे तुझको देते हैं तर्जीह[9] जो हुसूद[10]
'मोमिन' ये जान ले कि सगे–जेफ़ाख़्वार[11] हैं

---

1. प्रेयसी के हाथों की खींचतान में 2. चिक 3. धागे 4. देखने का सामर्थ्य 5. संकोचरहित 6. बादल 7. बुरे विचार 8. समीप के लोगों का कटाक्ष 9. प्राथमिकता 10. ईर्ष्यालु 11. मुर्दे खाने वाला कुत्ता।

शबे–वस्ल[1] उसके तग़ाफ़ुल[2] की ज़िबस[3] ताब नहीं
तल्ख़ी–ए–मर्ग[4] है आँखों में शुक्रे–ख़्वाब[5] नहीं

हसरतें मेरे नसीबों में लिखी हैं क्या–क्या
इतने दफ़्तर[6] में कहीं फ़स्ल[7] नहीं बाब[8] नहीं

दिल का क्या हाल करे देखिए ये गर्मी–ए–हुस्न[9]
ठहरता आईना–ए–यार में सीमाब[10] नहीं

सरफ़रोशों[11] के अगर आप ख़रीदार हुए
तो गिराँ[12] होवेगी वो जिंस[13] जो कमयाब[14] नहीं

कुल्ब–ए–तार[15] में क्यूँ कर तिरे बिन गुज़रेगी
दिन को याँ धूप नहीं रात को महताब[16] नहीं

इश्क़ क्यूँ दर पये–जाँ[17] शौक़[18] है क्यूँ सीना शिगाफ़[19]
दुश्मनी दिल शिकनी[20] शेवा–ए–अहबाब[21] नहीं

कशिश[22] अबरू–ए–सनम[23] की–सी कहाँ ऐ 'मोमिन'
लाख सिज्दे करे दिल माइले–मेह्‌राब[24] नहीं

---

1. मिलन–रात्रि 2. उपेक्षा 3. अधिक 4. मृत्यु की कटुता 5. नींद की कृपा 6. ग्रन्थ खण्ड 7. दूरी 8. किताब का एक हिस्सा, परिच्छेद पृष्ठ 9. सौन्दर्य का आवेग 10. पारा 11. प्राणोत्सर्ग करने वाला 12. बहुमूल्य 13. वस्तु 14. दुष्प्राप्य 15. छोटा और अँधेरा घर 16. चाँद 17. जान के लिए 18. अभिलाषा 19. विदीर्ण हृदय 20. दिल तोड़ देना 21. प्रियजनों का ढंग 22. आकर्षण 23. प्रियतम की भौंहे 24. कमाननुमा द्वार को ओर प्रवृत्त मस्जिद का द्वार।

आहे–फ़लक फ़िगन[1] तिरे ग़म से कहाँ नहीं
जो फ़ित्नाख़ेज़[2] अब है ज़मीं आस्माँ नहीं

डरता हूँ आस्मान से बिजली न गिर पड़े
सय्याद[3] की निगाह सू–ए–आशियाँ[4] नहीं

बातें तिरी वो होशरूबा[5] हैं कि क्या कहूँ
जो कोई राज़दाँ है मिरा राज़दाँ नहीं

पेशे–उदू[6] समझ के ज़रा हाल पूछना
क़ाबू में दिल नहीं मिरे बस में ज़बाँ नहीं

मैं अपनी चश्मे–शौक़[7] को इल्ज़ाम ख़ाक दूँ
तेरी निगाहे–शर्म से क्या–कुछ अयाँ[8] नहीं

हर ज़र्रा मेरी ख़ाक का बर्बाद हो चुका
बस ऐ ख़िरामे–नाज़[9] कि ताबो–तवाँ[10] नहीं

उस बुत की इब्तिदा–ए–जवानी[11] मुराद[12] है
'मोमिन' कुछ और फ़ित्ना–ए–आख़िर ज़माँ[13] नहीं

---

1. आकाश गिराने वाली आह 2. उपद्रव करने वाला 3. शिकारी 4. घोंसले की ओर 5. होश उड़ाने वाली 6. शत्रु के सामने 7. अभिलाषी आँखें 8. प्रकट 9. गर्वीली चाल वाला 10. सामर्थ्य 11. नौजवानी 12. आशय 13. प्रलय से पहले का उपद्रव।

जलता हूँ हिज्रे–शाहिदो–यादे–शराब[1] में
शौक़े–सवाब[2] ने मुझे डाला अज़ाब[3] में

कहते हैं तुमको होश नहीं इज़्तिराब[4] में
सारे गिले तमाम[5] हुए इक जवाब में

रहते हैं जम्अ[6] कूचा–ए–जानाँ[7] में ख़ासो–आम
आबाद एक घर है जहाने–ख़राब[8] में

आँख उसकी फिर गई थी दिल अपना भी फिर गया
ये और इन्क़लाब[9] हुआ इन्क़लाब में

नाकामियों से काम रहा उम्र भर हमें
पीरी[10] में यास[11] है जो हवस थी शबाब[12] में

दोनों का एक हाल है ये मुदआ हो काश
वो ही ख़त उसने भेज दिया क्यूँ जवाब में

पैहम[13] सुजूद[14] पा–ए–सनम[15] पर दमे–विदाअ[16]
'मोमिन' ख़ुदा को भूल गये इज़्तिराब[17] में

---

1. प्रेयसी का बिछोह और मदिरा की याद 2. पुण्य की इच्छा 3. यातना 4. व्याकुलता 5. समाप्त 6. इकट्ठे 7. प्रियतमा की गली 8. संसार 9. उलट–फेर 10. बुढ़ापा 11. निराशा 12. युवावस्था 13. निरन्तर 14. नतमस्तक 15. प्रेयसी के पाँव 16. प्रस्थान के समय, मृत्यु के समय 17 व्याकुलता।

बीम[1] बेदादो–सितम[2] कुछ दिले–मुज़्तर[3] में नहीं
यूँ हूँ नालां[4] कि वो गोया सफ़े–महशर[5] में नहीं

ख़ार[6] बिस्तर पे शबे–हिज्र[7] बिछाऊँ क्यूँ कर
दिल में तो है वो गुलअंदाम[8] अगर बर[9] में नहीं

सर पटकता हूँ कि बस हम भी हों घर भी न हो
ध्यान जिस वक़्त ये आया है कि वो घर में नहीं

मुझ–से मैकश[10] की तरफ़ मुहतसिब[11] आता है तो आये
एक क़तरा भी सबू–ओ–ख़मो–साग़र[12] में नहीं

जी उठे और वही रंजे–मुहब्बत[13] के अज़ाब[14]
हम न मानेंगे कि ईज़ा[15] तिरी ठोकर में नहीं

दे दिया कीजिए बोसा तलबे–अव्वल[16] पर
सच कहा तुमने मज़ा हर्फ़े–मुकर्रर[17] में नहीं

क्या मुअस्सिर[18] हो दुआ वस्ले–सनम की 'मोमिन'
हम तलब करते हैं वो शै[19] जो मुक़द्दर में नहीं

---

1. भय 2. अत्याचार और अन्याय 3. व्याकुल हृदय 4. आर्तनाद करता हुआ 5. अन्तिम न्याय के दिन की पंक्ति 6. काँटे 7. विरह की रात 8. फूल जैसे कोमल और सुगन्धित शरीर वाली 9. आलिंगन, बग़ल 10. शराबी 11. लोगों को शराब पीने से रोकने और शराबख़ानों की निगरानी करने वाला 12. शराब का पात्र 13. प्रणय वेदना 14. पीड़ा 15. यातना 16. प्रथम माँग पर 17. पुनरावृत्ति 18. प्रभावी 19. वस्तु।

सुर्मगीं[1] आँख से तुम नामा[2] लगाते क्यूँ हो
ख़ाक[3] में नाम को दुश्मन के मिलाते क्यूँ हो

बारे–गर्दन[4] तो नहीं तेगे़–सितमगार[5] आख़िर
जाँ निसारो! सरे–मुश्ताक़[6] झुकाते क्यूँ हो

ज़िनसे मंज़ूरे–वफ़ा[7] है हो ज़फ़ा[8] भी उन पर
मुझसे कुछ काम नहीं है तो सुनाते क्यूँ हो

खोल दो वादा[9] कि तुम पर्दानशीं हो न विसाल[10]
आप छुपते हो छुपो बात छुपाते क्यूँ हो

नहीं मंजूर अगर बुल्हवसी[11] का शिकवा
ग़ैर को तुम मिरे अश्आर[12] सुनाते क्यूँ हो

तोड़ना जान का हो जायेगा दुश्वार आख़िर
चारासाज़ो[13] मिरी उम्मीद बँधाते क्यूँ हो

खुल गया इश्क़े–सनम तर्ज़े–सुख़न[14] से 'मोमिन'
अब छुपाते हो अबस[15] बात बनाते क्यूँ हो

---

1. काजल लगी हुई आँखें 2. पत्र 3. मिट्टी 4. गर्दन का बोझ 5. अत्याचार करने वाले की तलवार 6. अभिलाषी सर 7. प्रेम निर्वाह की स्वीकृति 8. अत्याचार 9. वचन को प्रकट करना 10. मिलन 11. लालसा 12. शेर का बहुवचन 13. उपचारकों 14. काव्य–शैली 15. व्यर्थ।

अगर ज़ंजीरकश[1] सू–ए–बयाबाँ[2] अपनी वहशत[3] हो
तो पा–ए–क़ैस[4] का हर एक छाला चश्मे–हैरत[5] हो

किसी के अबरु–ए–ख़ुशख़म[6] का कुश्ता[7] हूँ तअज्जुब क्या
जो मेरी ख़ाक से तामीर[8] मेहराबे–इबादत[9] हो

समझता ख़ूब हूँ मैं इस बनावट की लगावट को
क़सम खा जाऊँगा गर तेरे दिल में कुछ मुहब्बत हो

हुए बेख़्वाब[10] आहे–नीमशब[11] से तो लगे कहने
कि सोतों को जगा देते हो तुम भी क्या क़यामत हो

जला जाता हूँ सोज़े–इश्क़[12] से मानिन्दे–परवाना[13]
जला मत और को तो गरचे मेरी शम्अ–ए–तुर्बत[14] हो

उदू[15] से बज़्म[16] में होती रही चश्मक–ज़नी[17] क्या–क्या
न देखा हाल मेरा तुम भी कितने बेमुरव्वत[18] हो

भला ऐसे सनम को ख़ाक दिल दे कोई ऐ 'मोमिन'
न जिसको कुछ मुरव्वत[19] हो न ख़ातिर[20] हो न उल्फ़त[21] हो

---

1. ज़ंजीर खींचने वाला 2. जंगल की ओर 3. पागलपन 4. मजनूँ के पाँव 5. विस्मित आँखें 6. भौंहों की सुन्दरता 7. मारा हुआ 8. बनाना निर्माण 9. नमाज़ की जगह 10. नींद से जागना 11. अर्द्धरात्रि की आह 12. प्रेम की जलन 13. परवाने की तरह 14. समाधि की शम्अ 15. शत्रु 16. सभा 17. आँखों से संकेत करना 18. निष्ठुर 19. शील संकोच 20. सम्मान 21. प्रेम।

अपनी आवाज़े–क़दम से भी वो डर कर रात को
मुड़ के पीछे देख लेता हर क़दम पर रात को

बू–ए–गुल[1] का ऐ नसीमे–सुब्ह[2] अब किस को दिमाग़[3]
साथ सोया है हमारे वो समनबर[4] रात को

सुब्हदम मेहताब[5] का–सा रंग क्यूँ है गर न था
बुल्हवस[6] के पास तू ऐ नाज़परवर[7] रात को

रोज़े–हिज्राँ[8] से शबे–फ़ुर्क़त[9] न हो क्यूँ सख़्ततर[10]
गाहे–गाहे[11] दिन को मिलते थे वो अक्सर रात को

रह गये हम झाँकने से भी ये क्या अँधेर है
बन्द किसने कर दिये थे रोज़ने–दर[12] रात को

याद दिलवाई तपिश ने तेरी शोख़ी वस्ल की
मर गये हम देख कर चीं हाय बिस्तर[13] रात को

क्या उसी बुतख़ाने को फ़रमाते हो ज़ुल्मतकदा[14]
हज़रते–'मोमिन' जहाँ जाते हो छुप कर रात को

---

1. फूल की गन्ध 2. प्रातः समीर 3. ध्यान 4. चमेली जैसे शरीर वाला 5. चाँद-सा पीला 6. लोलुप 7. कोमल शरीर वाला 8. विरह का दिन 9. विरह रात्रि 10. कठिन 11. कभी–कभी 12. द्वार का छिद्र 13. बिस्तर की सिलवट 14. जहाँ अँधेरा ही अँधेरा हो संसार।

आँखों से हया टपके है अन्दाज़ तो देखो
है बुल्हवसों[1] पर भी सितम[2] नाज़[3] तो देखो

उस बुत के लिए मैं हवसे–हूर[4] से गुज़रा[5]
इस इश्क़े–खुशअंजाम[6] का आग़ाज़[7] तो देखो

चश्मक[8] मिरी वहशत पे है क्या हज़रते–नासेह[9]
तर्ज़े–निगहे–चश्मे–फ़ुसूँसाज़[10] तो देखो

मज्लिस[11] में मिरे ज़िक्र के आते ही उठे वो
बदनामी–ए–उश्शाक़[12] का ऐज़ाज़[13] तो देखो

महफ़िल में तुम अग़्यार[14] को दुज़्दीदा नज़र[15] से
मंज़ूर है पिन्हाँ[16] न रहे राज़ तो देखो

उस ग़ैरते–नाहीद[17] की हर तान है दीपक
शोला–सा चमक जाये है आवाज़ तो देखो

जन्नत[18] में भी 'मोमिन' न मिला हाय बुतों से
जोरे–अजले–तफ़्रिक़ापर्दाज़[19] तो देखो

---

1. लोलुपों 2. अत्याचार 3. हाव–भाव 4. हूर की अभिलाषा 5. छोड़ना 6. अच्छे परिणाम वाला प्रेम 7. प्रारम्भ 8. आँख का संकेत 9. उपदेशक 10. जादू करने वाली आँखों की अदा 11. गोष्ठी 12. प्रेमी की बदनामी 13. सम्मान 14. शत्रु 15. चुराती हुई नज़र 16. छिपी हुई 17. नाहीद=शुक्र ग्रह जो गायकी का कारक है शुक्र को लजाने वाला 18. स्वर्ग 19. दो लोगों में फूट डालने वाले समय का जोर।

ये कुदरत[1] ज़ौफ़[2] में भी है फ़ुग़ाँ[3] को
कि दे पटके ज़मीं पर आस्माँ को

वफ़ा[4] सिखला रहेगा दिल हमारा
तुम्हारी ख़ातिरे–नामेह्‌रबाँ[5] को

पसीने की जगह आने लगा ख़ूं
छुपाऊँ किस तरह ज़ख़्मे–निहाँ[6] को

उदू के घर में है तस्वीरे–शीरीं[7]
दिखाऊँ किस तरह उस बदगुमां[8] को

नहीं आता वो लैलावश[9] सिखा दे
कोई मजनूँ का क़िस्सा सारबाँ[10] को

दिले–मुज़्तर[11] की बेताबी ने मारा
कहाँ से लाऊँ उस आरामे–जाँ[12] को

सुन ऐ 'मोमिन' ये ईमाँ है हमारा
न कहना कुफ़्र[13] फिर इश्क़े–बुताँ को

---

1. सामर्थ्य 2. निर्बलता 3. आर्तनाद 4. प्रेम निर्वाह 5. कृपाहीन हृदय 6. छिपे घाव 7. फ़रहाद की प्रेयसी–शीरीं की तस्वीर 8. बुरी धारणा वाला 9. लैला तुल्य 10. ऊँटवान 11. बेचैन हृदय 12. प्रेयसी 13. कृतघ्न।

वो जो हम में तुम में क़रार[1] था तुम्हें याद हो कि न याद हो
वही यानी वादा निबाह का तुम्हें याद हो कि न याद हो

वो जो लुत्फ़ मुझ पे थे पेशतर[2] वो करम कि था मिरे हाल पर
मुझे सब है याद ज़रा–ज़रा तुम्हें याद हो कि न याद हो

वो नये गिले वो शिकायतें वो मज़े–मज़े की हिकायतें[3]
वो हरेक बात पे रूठना तुम्हें याद हो कि न याद हो

कभी बैठे सब में जो रूबरू तो इशारतों[4] ही से गुफ़्तगू
वो बयान शौक़[5] का बरमला[6] तुम्हें याद हो कि न याद हो

कोई बात ऐसी अगर हुई कि तुम्हारे जी को बुरी लगी
तो बयाँ से पहले ही भूलना तुम्हें याद हो कि न याद हो

कभी हम में तुम में भी चाह थी कभी हम से तुमसे भी राह थी
कभी हम भी तुम भी थे आश्ना[7] तुम्हें याद हो कि न याद हो

सुनो ज़िक्र है कई साल का कि किया इक आप ने वादा था
सो निबाहने का तो ज़िक्र क्या तुम्हें याद हो कि न याद हो

---

1. प्रतिज्ञा 2. पूर्व में 3. वृत्तान्त कहानी 4. संकेतों 5. अभिलाषा 6. खुल्लमखुल्ला 7. परिचित।

कहा मैंने बात वो कोठे की मिरे दिल से साफ़ उतर गई
तो कहा कि जाने मिरी बला तुम्हें याद हो कि न याद हो

वो बिगड़ना वस्ल की रात का वो न मानना किसी बात का
वो नहीं–नहीं की हर आँ[8] अदा तुम्हें याद हो कि न याद हो

जिसे आप गिनते थे आश्ना जिसे आप कहते थे बावफ़ा[9]
मैं वही हूँ 'मोमिने'–मुब्तिला[10] तुम्हें याद हो कि न याद हो

---

8. क्षण 9. आज्ञाकारी 10. आसक्त मोमिन।

आये हो जब बढ़ा कर दिल की जलन गये हो
जूँ सोज़े–दिल[1] कहा है तुम आग बन गये हो

रूठे सो रूठे हम से मनते नहीं हो क्यूँ कर
ग़ैरों से जब लड़े हो लड़ते ही बन गये हो

बादे–बहार में है कुछ और इत्ररेज़ी[2]
तुम आज कल में शायद सू–ए–चमन[3] गये हो

क्या हाल है अदम[4] का कहला तो भेजो जो तुम
ऐ ख़ूगराने–गुर्बत[5] सू–ए–वतन[6] गये हो

है कुछ तो बात 'मोमिन' जो छा गई ख़मोशी
किस बुत को दे दिया दिल क्यूँ बुत से बन गये हो

---

1. दिल की जलन 2. इत्र का बिखराव 3. बाग़ की ओर 4. परलोक 5. परदेस के वासी 6. वतन की ओर।

ऐ नासेहो[1] आ ही गया वो फ़ित्ना–ए–अय्याम[2] लो
हम को तो कहते थे भला अब तुम तो दिल को थाम लो

क्या क़हर है कब तक कोई रह जाए आँसू पी के यूँ
हँस–हँस के मेरे आगे तुम दस्ते–उदू[3] से जाम लो

ऐसी अदा से बोसा[4] दो लब का कि शादी मर्ग[5] हों
जोरो–सितम[6] का मेरी जाँ लुत्फ़ो–करम[7] से काम लो

दिन–रात फ़िक्रे–जोर[8] में यूँ रंज उठाना कब तलक
मैं भी ज़रा आराम लूँ तुम भी ज़रा आराम लो

'मोमिन' तुम और इश्क़े–बुताँ[9] ऐ पीरो–मुर्शिद[10] ख़ैर है
ये ज़िक्र और मुँह आप का साहिब ख़ुदा का नाम लो

---

1. उपदेशक 2. उपद्रवी दिनों वाला प्रेयसी 3. शत्रु के हाथों 4. चुम्बन 5. प्रसन्नता से मर जाना 6. अनीति और अत्याचार 7. कृपा और आनन्द 8. अनीति की धुन 9. सुन्दरियों से प्रेम 10. प्रतिष्ठित और वृद्ध व्यक्ति को सम्बोधन।

ये मायूसी दिलो–जाँ नाला–ए–शबगीर[1] तो खींचो
खिंचेगा उसका दिल आहे–फुसूँ तासीर[2] तो खींचो

वो आये या न आये ज़ीस्त[3] मेरी हो न हो लेकिन
ज़रा ऐ चारासाज़ो[4] ज़हमते–तदबीर[5] तो खींचो

असर होता है कब हम से[6] वफ़ादारों को ऐ नासेह[7]
फुग़ाँ[8] से पेशतर[9] तुम ख़जलते–तक़रीर[10] तो खींचो

दिखा दूँगा तमाशा बस न छेड़ो मुझसे मजनूँ को
हिला दूँगा ज़मीनो–आस्माँ ज़ंजीर तो खींचो

कहाँ उस नौजवाँ के नाज़[11] की ताक़त तुम्हें 'मोमिन'
अभी सरमश्क़[12] तो हो जोर चर्ख़े–पीर[13] तो खींचो

---

1. आधी रात के बाद का आर्तनाद 2. जादुई प्रभाव वाली आह 3. जीवन 4. उपचारकों 5. उपचार का कष्ट 6. हम जैसे 7. उपदेशक 8. आर्तनाद 9. पहले 10. व्याख्यान की लज्जा 11. हाव–भाव 12. अभ्यास करने की तख़्ती 13. बुज़ुर्ग आकाश।

एजाज़े–जाँदही[1] है हमारे कलाम[2] को
ज़िन्दा किया है हमने मसीहा के नाम को

लिखो सलाम ग़ैर[3] के ख़त में ग़ुलाम को
बन्दे का बस सलाम है ऐसे सलाम को

आता है बहरे–क़त्ल[4] वो दूर ऐ हुजूमे–यास[5]
घबरा न जाये देख कहीं इज़्दहाम[6] को

गो[7] आपने जवाब बुरा ही दिया वले
मुझसे बयाँ न कीजे उदू[8] के पयाम को

जब तू चले जनाज़ा–ए–आशिक़[9] के साथ–साथ
फिर कौन वारिसों[10] के सुने इज़्ने–आम[11] को

शायद कि दिन फिरे हैं किसी तीरारोज़[12] के
अब ग़ैर उस गली में नहीं फिरते शाम को

मुद्दत से नाम सुनते थे 'मोमिन' का बारे[13] आज
देखा भी हमने उस शुअरा[14] के इमाम[15] को

---

1. प्राण देने का चमत्कार 2. काव्य 3. प्रतिद्वन्द्वी 4. वध करने हेतु 5. निराशा की भीड़ 6. भीड़ जमावड़ा 7. यद्यपि 8. शत्रु 9. प्रेमी का शव 10. अभिभावकों 11. जनाज़े की नमाज़ के बाद मृतक के अभिभावकों द्वारा आवश्यक कार्य के लिए लोगों को जाने की अनुमति देना 12. दुर्दिनों के 13. अन्ततः 14. शाइर का बहुवचन कवियों 15. पेशवा नेता।

हम समझते हैं आज़माने को
उज़्र[1] कुछ चाहिए सताने को

संगे–दर[2] से तिरे निकाली आग
हम ने दुश्मन का घर जलाने को

बर्क़[3] का आस्मान पर है दिमाग़
फूँक कर मेरे आशियाने को

रोज़े–महशर[4] भी होश गर आया
जायेंगे हम शराबख़ाने को

सुन के वस्फ़[5] उस पे मर गया हमदम
ख़ूब आया था ग़म उठाने को

कोई दिन हम जहाँ में बैठे हैं
आस्माँ के सितम उठाने को

चल के काबे में सिज्दा कर 'मोमिन'
छोड़ उस बुत के आस्ताने[6] को

---

1. आपत्ति 2. चौखट द्वार का पत्थर 3. बिजली 4. प्रलय का दिन 5. गुण 6. चौखट, ड्योढ़ी।

सदहैफ़[1] सीना सोज़े–फुग़ाँ[2] कारगर न हो
याँ जान पर बने तिरे दिल में असर न हो

हूँ ख़ानुमाँख़राब[3] सितम से ज़ियादातर[4]
ऐसा न हो कि अब भी तिरे दिल में घर न हो

आबिदफ़रेब[5] शोख़ी–ओ–रग़बत फ़ज़ा निगाह[6]
मैं क्या किसी से सब्र तुझे देख कर न हो

सौदा है मुझको गर्मी–ए–बाज़ारे–इश्क़[7] का
इसका कहाँ ख़याल कि अपना ज़रर[8] न हो

सुहबत[9] में एक रात की वो तंग आ गये
तूले–अमल[10] से क़िस्सा मिरा मुख़्तसर[11] न हो

पामाल[12] कीजे शौक़ से पर बज़्मे–ख़ास[13] में
इतना तो हो कि ख़ाक मिरी दर–ब–दर न हो

'मोमिन' हुआ रक़ीब हज़र[14] ऐ सनमपरस्त[15]
ऐसे से डरिए जिसको ख़ुदा का भी डर न हो

---

1. अत्यधिक अफ़सोस 2. आर्तनाद की जलन 3. जिसका घरबार और धन आदि नष्ट हो गया हो अभागा 4. अत्यधिक 5. तपस्वियों से छल 6. चपलता और अभिलाषा बढ़ाने वाली निगाह 7. प्रेम के बाज़ार का आवेश 8. हानि 9. संगति 10. आशा का विस्तार 11. संक्षिप्त 12. पद–दलित 13. विशिष्ट जनों की सभा 14. प्रतिद्वन्द्वी का भय 15. प्रेयसी का पूजक।

ख़ाली हवा–ए फ़ित्ना[1] से गाहे[2] जहाँ न हो
इस दम क़यामत आये अगर आस्माँ[3] न हो

ऐजाज़[4] से ज़्यादा है सिह्र[5] उनके नाज़[6] का
आँखें वो कह रही हैं जो लब से बयाँ न हो

यूँ तो बहुत से दिल के ख़रीदार हैं वले
जो है सो बदमुआमला[7] क्यूँ कर ज़बाँ न हो

लिखता हूँ उसको बस्तगी–ए–दिल[8] का माजरा[9]
आँसू रवाँ[10] न हो तो सियाही रवाँ न हो

तर[11] कर दिया है अब्रे–बहारी[12] ने इस क़दर
बिजली गिरे तो गर्म मिरा आशियाँ न हो

अज़्मे–सफ़र[13] जहाँ से करूं क्या शबे फ़िराक़[14]
मैं जानता हूँ चैन कहाँ तू जहाँ न हो

'मोमिन' बहिश्तो–इश्क़े–हक़ीक़ी[15] तुम्हें नसीब
हम को तो रंज[16] हो जो ग़मे–जाविदाँ[17] न हो

---

1. उपद्रव की हवा 2. कभी 3. उर्दू शाइरी में आकाश को अत्याचार करने वाला माना जाता है 4. चमत्कार 5. जादू 6. हाव–भाव 7. जो लेन–देन में साफ़ न हो 8. दिल का बन्धन 9. वृत्तान्त 10. प्रवाहवान 11. गीला आर्द्र 12. बहार का बादल बासन्ती बादल 13. यात्रा का संकल्प 14. विरह–रात्रि 15. ईश्वर-प्रेम और स्वर्ग 16. दुःख 17. स्थायी दुःख प्रियतम का प्रेम।

चल परे हट मुझे न दिखला मुँह
ऐ शबे–हिज्र[1] तेरा काला मुँह

दुश्मनों से बिगड़ गई तो भी
देखते ही मुझे बनाया मुँह

फिर गई आँख मिस्ले क़िब्लानुमा[2]
जिस तरफ़ उस सनम ने फेरा मुँह

जब कहा यार से दिखा सूरत
हँस के बोला कि देखो अपना मुँह

घर में बैठे थे कुछ उदास–से वो
बोले बस देखते ही मेरा मुँह

हम भी ग़मगीन से हैं आज कहीं
सुबह उट्ठे थे देख तेरा मुँह

संगे–असवद[3] नहीं है चश्मे–बुताँ[4]
बोसा 'मोमिन' तलब[5] करे क्या मुँह

---

1. विरह रात्रि 2. दिशासूचक यन्त्र की भाँति 3. वह काला पत्थर जो काबे में लगा है जिसे देखने के लिए मुसलमान हर साल जाते हैं 4. प्रेयसी की आँखें 5. इच्छित।

सीमाब[1] है पहलू में मिरे दिल तो नहीं ये
इस दिल ने सताया मुझे ग़ारत[2] हो कहीं ये

क्या यार के आने की सुनी कुछ कि अजल[3] की
काहे की ख़ुशी हिज्र[4] में है जाने–हज़ीं[5] ये

याँ काहे को वो आने लगा ऐ कशिशे–दिल[6]
तू लाख कहे पर कोई आता है यक़ीं ये

बेदम–सा पड़ा था कोई उस कूचे में उसने
दरवाज़े में आ झाँक के देखा जो कहीं ये

इस रहम के सदक़े[7] वहीं घबरा के कहा हाँ
जाकर कोई देखो कहीं 'मोमिन' तो नहीं ये

---

1. पारा 2. नष्ट 3. मृत्यु 4. विरह 5. दुःखी जीवन 6. हृदयाकर्षण 7. न्योछावर।

दिलबस्तगी[1]–सी है किसे ज़ुल्फ़े–दुता[2] के साथ
पाला पड़ा है हमको ख़ुदा किस बला के साथ

यादे–हवा–ए–यार[3] ने क्या–क्या न गुल खिलाये
आई चमन से निकहते–गुल[4] जब सबा[5] के साथ

है किसका इन्तज़ार कि ख़्वाबे–अदम[6] से भी
हर बार चौंक पड़ते हैं आवाज़े–पा[7] के साथ

या रब विसाले–यार[8] में क्यूँ कर हो ज़िन्दगी
निकली ही जान जाती है हर–हर अदा के साथ

मरने के बाद भी वही आवारगी रही
अफ़्सोस जाँ[9] गई नफ़से–नारसा[10] के साथ

दस्ते–जुनूँ[11] ने मेरा गिरेबाँ[12] समझ लिया
उलझा है उनसे शोख़ के बन्दे–क़बा[13] के साथ

'मोमिन' वही ग़ज़ल पढ़ो शब[14] जिससे बज़्म[15] में
आती थी लब पे जान ज़हो–हब्बज़ा[16] के साथ

---

1. दिल की लगन 2. झुकी हुई बालों की लटें 3. प्रेयसी की आकांक्षा का ध्यान 4. फूल की महक 5. हवा 6. मृत्युनिद्रा 7. पदचाप 8. प्रेयसी का मिलाप 9. प्राण 10. न पहुँचने वाला साँस 11. उन्मादी हाथ 12. कुर्ते का गला 13. परिधान की गिरह 14. रात 15. सभा 16. प्रशंसात्मक शब्द जैसे–वाह–वाह।

हम में फ़लक[1] निगह[2] की भी ताक़त न छोड़ देख
दस्ते–मिज़ा[3] से पंजा–ए–ख़ुर[4] मत मरोड़ देख

दौरे–ख़ुमार[5] का भी है कुछ ध्यान या नहीं
ऐ मस्ते–हुस्न[6] शीशा–ए–दिल को न तोड़ देख

तूफ़ाँ हैं आबे–हर गुहरे[7] अश्क[8] में निहाँ[9]
ऐ यादे–दोस्त[10] दामने–मिज़गां[11] निचोड़ देख

क्या रहम[12] देखने की भी बन्दी हो चाहिये
ऐ चश्म[13] उसके सामने तू हाथ जोड़ देख

जलना तिरा बुतों[14] में भी तासीर[15] कर गया
'मोमिन' यक़ीं नहीं है तो पत्थर को फोड़ देख

---

1. आकाश 2. दृष्टि देखना 3. पलकों के हाथ 4. सूर्य का पंजा 5. नशा उतरने का समय 6. सौन्दर्य में लीन प्रेयसी 7. हर बूँद में मोती 8. आँसू 9. छिपा हुआ 10. प्रिय की स्मृति 11. पलकों का दामन 12. कृपा 13. आँख 14. मूर्तियाँ सुन्दरियों 15. प्रभाव।

मंज़ूरे–नज़र[1] ग़ैर[2] सही अब हमें क्या है
बेदीद[3] तिरी आँख से दिल पहले फिरा है

खाई है क़सम हमने कि परहेज़[4] करेंगे
गर दर्द से भर जाये तबीअत तो मज़ा है

जब घर में न हो तुम तो रहें कूचे[5] में हम क्यूँ
शिकवा जो तुम्हारा तो हमारा भी बजा[6] है

बस–बस न करो बात कि याद आये है मुझको
नासेह[7] से जो कुछ बेख़ुदियों[8] में भी सुना है

या रब[9] कोई माशूक़ा–ए–दिलजू[10] न मिले अब
जो उनकी दुआ है वही अपनी भी दुआ है

मैं तर्के–वफ़ा[11] से भी वफ़ादार[12] हूँ मशहूर
कीं[13] तुझसे जो ऐ दुश्मने–अरबाब वफ़ा[14] है

'मोमिन' न सही बोसा–ए–पा[15] सिज्दा[16] करेंगे
वो बुत है जो औरों का तो अपना भी ख़ुदा है

---

1. आँखों को पसन्द प्रिय 2. शत्रु 3. निष्ठुर 4. संयम निषेध 5. गली 6. उचित 7. उपदेशक जो प्रेम–त्याग के लिए कहे 8. अचेतावस्था में 9. हे ईश्वर 10. सुन्दर प्रेयसी 11. प्रेम–त्याग 12. प्रेम–निर्वाह करने वाला 13. छिपी हुई शत्रुता 14. निर्वाह करने वाला शत्रु 15. पाँव चूमना 16. नतमस्तक होना।

ख़ुशी न हो मुझे क्यूँ कर क़ज़ा[1] के आने की
ख़बर है लाश पे उस बेवफ़ा के आने की

समझ के और ही कुछ मर चला[2] मैं ऐ नासेह[3]
कहा जो तूने नहीं जान जा के आने की

जो बेहिजाब[4] न होगे तो जान जायेगी
कि राह देखी[5] है उसने हया[6] के आने की

फिर अब की ला तिरे कुर्बान जाऊँ जज़्बा–ए–दिल[7]
गये हैं याँ से वो सौगन्ध खा के आने की

ख़याले–ज़ुल्फ़[8] में ख़ुदरफ़्तगी[9] ने क़हर किया
उम्मीद थी मुझे क्या–क्या बला[10] के आने की

कहाँ है नाक़ा[11] तिरे कान बजते हैं मजनूँ
क़सम है मुझको सदा–ए–दरा[12] के आने की

मुझे ये डर है कि 'मोमिन' कहीं न कहता हो
मिरी तसल्ली को रोज़े–जज़ा[13] के आने की

---

1. मृत्यु 2. प्रेम करने लगा 3. प्रेम त्याग का उपदेश देने वाला 4. निस्संकोच बेपर्दा 5. रास्ता देखना 6. लज्जा 7. ह्रदयाकर्षण 8. प्रेयसी की लटों का ध्यान 9. अपने आप में न होना 10. आपत्ति 11. ऊँटनी 12. क़ाफ़िले के घण्टे की आवाज़ 13. अन्तिम न्याय का दिन।

मैं अगर आप[1] से जाऊँ तो क़रार आ जाये
पर ये डरता हूँ कि ऐसा न हो यार आ जाये

बाँधो अब चारागरो[2] चिल्ले[3] कि वो भी शायद
वस्ले–दुश्मन[4] के लिए सू–ए–मज़ार[5] आ जाये

कुल्फ़ते–हिज्र[6] को क्या रोऊँ तिरे सामने मैं
दिल जो ख़ाली हो तो आँखों में गुबार आ जाये

ठैर* जा जोशे–तपिश[7] है तो तड़पना लेकिन
चारासाज़ों[8] में ज़रा दम दिले–ज़ार[9] आ जाये

हुस्न अंजाम[10] का 'मोमिन' मिरे बारे है ख़याल
याने कहता है वो काफ़िर कि तू मारा जाये

---

1. बेसुध होना 2. उपचारकों 3. चालीस दिन तक किसी कार्य विशेष की सिद्धि के लिए जप करना 4. शत्रु से मिलाप 5. समाधिस्थल की ओर 6. विरह का दुःख 7. व्याकुलता का उफान 8. उपचारकों 9. दुखी हृदय 10. सुखद परिणाम।

* मोमिन के ज़माने में ठहर की जगह ठैर भी प्रयुक्त होता था।

देते हो तस्कीं[1] मिरे आज़ार[2] से
दोस्ती तुमको नहीं अग़्यार[3] से

दाग़े–ख़ूँ[4] से मेरे वो हैराँ हुआ
दामन उलझा है गुले–बेख़ार[5] से

फोड़ जल्द ऐ बुल्हवस[6] सर को कि अब
झाँकते हैं रोज़ने–दीवार[7] से

गर नसीहतगर[8] मैं सच हूँ सादा लौह[9]
तो निभेगी ख़ूब उस अय्यार[10] से

दस्ते–क़ासिद[11] काटे क्यूँ साबित है क्या
दुज़्दी–ए–मज़मूँ[12] मिरे तूमार[13] से

मुझसे वो छुपते फिरें इसके सिवा
और हासिल इश्क़ के इज़्हार से

कह ग़ज़ल इक और भी 'मोमिन' कि है
शौक़ उस बुत को तिरे अश्आर[14] से

---

1. दिलासा 2. आपत्ति दुःख 3. शत्रु 4. रक्त का निशान फूल 5. काँटा रहित फूल 6. लोलुप 7. दीवार का छेद 8. उपदेशक 9. भोला–भाला निश्छल 10. चालाक 11. सन्देशवाहक के हाथ 12. विषय की चोरी 13. पत्र वृत्तान्त 14. शेर का बहुवचन काव्य।

ज़हर टपके है निगाहे–यार[1] से
मौत सूझी नर्गिसे–बीमार[2] से

जा-ब-जा[3] नहरें हैं जारी मैंने अश्क[4]
पोंछे होंगे दामने–कुहसार[5] से

गर न खेलें जान पर[6] जी हार[7] दें
इश्क़बाज़ी सीखिए अग़्यार[8] से

छिड़के है काने–मलाहत[8] लून[10] क्या
ख़ुद लिपट जा सीना–ए–अफ़गार[11] से

गर दुआ करता हूँ 'मोमिन' वस्ल[12] की
हाथ बाँधे है वो बुत[13] जुन्नार[14] से

---

1. प्रेयसी की दृष्टि 2. प्रेमी की आँख 3. हर जगह 4. आँसू 5. पहाड़ों का दामन 6. जान दे देना 7. हिम्मत हारना 8. शत्रु 9. लावण्यमयी सुन्दरी नमक की खान 10. नमक 11. घायल ह्दय 12. मिलन 13. सुन्दरी मूर्ति 14. जनेऊ।

है निगाहे–लुत्फ़[1] दुश्मन पर तो बन्दा जाये है
ये सितम[2] ऐ बेमुरव्वत[3] किस से देखा जाये है

हुस्ने–रोज़ अफ़्ज़ूँ[4] पे ग़र्रा[5] किसलिए ऐ माहरू[6]
यूँ ही घटता जायेगा जितना कि बढ़ता जाये है

ताबो–ताक़त[7] सब्रो–राहत[8] जानो–ईमाँ[9] अक़्लो–होश[10]
हाय क्या कहिए कि दिल के साथ क्या–क्या जाये है

ख़ाक में मिल जाये या रब बेकसी की आबरू[11]
ग़ैर मेरी नाश[12] के हमराह[13] रोता जाये है

देखिए अंजाम क्या हो 'मोमिने'–सूरतपरस्त[14]
शेख़ सनआँ[15] की तरह सू–ए–कलीसा[16] जाये है

---

1. कृपादृष्टि 2. अत्याचार 3. निष्ठुर 4. प्रतिदिन बढ़ने वाला सौन्दर्य 5. घमण्ड अकड़ 6. चन्द्रमुखी 7. सहनशक्ति और सामर्थ्य 8. धैर्य और सान्त्वना 9. धर्म और प्राण 10. बुद्धि और सुध 11. प्रतिष्ठा 12. लाश 13. साथ–साथ 14. तस्वीरों का उपासक 15. एक बुज़ुर्ग जो हजयात्रा के दौरान प्रेम के हाथों विवश होकर ईसाई धर्म को मानने लगे 16. गिरजाघर की ओर।

हुई तासीर[1] आहो–ज़ारी[2] की
रह गई बात बेक़रारी की

शिकवा–ए–दुश्मनी करें किस से
वाँ[3] शिकायत है दोस्तदारी की

याद आई जो गर्मजोशी–ए–यार[4]
दीदा–ए–तर[5] ने शोलाबारी[6] की

क्यूँ न डर जाऊँ देख कर वो ज़ुल्फ़
है शबे–हिज्र[7] की–सी[8] तारीकी[9]

बस कि है यार की कमर का ख़याल
शेर[10] की सूझती है बारीकी

यास[11] देखो कि ग़ैर से कह दी
बात अपनी उमीदवारी की

क्या मुसल्माँ हुए कि ऐ 'मोमिन'
हासिल उस बुत से शर्मसारी[12] की

---

1. प्रभाव 2. रोना–धोना विलाप 3. वहाँ 4. प्रिय के गहरे प्रेम का ध्यान 5. आर्द्र नेत्र 6. अग्निवर्षा 7. विरह रात्रि 8. जैसी 9. अँधेरा 10. काव्य 11. निराशा 12. पछतावा।

नावकअन्दाज़[1] जिधर दीदा–ए–जानां[2] होंगे
नीम बिस्मिल[3] कई होंगे कई बेजां[4] होंगे

तू कहाँ जायेगी कुछ अपना ठिकाना कर ले
हम तो कल ख़्वाबे–अदम[5] में शबे–हिज्रां[6] होंगे

एक हम हैं कि हुए ऐसे पशेमान[7] कि बस
एक वो हैं कि जिन्हें चाह के अरमाँ होंगे

हम निकालेंगे सुन ऐ मौजे–हवा बल तेरा
उसकी ज़ुल्फ़ों के अगर बाल परेशां होंगे

फिर बहार आई वही दश्तनवर्दी[8] होगी
फिर वही पाँव वही ख़ारे–मुग़ीलाँ[9] होंगे

संग[10] और हाथ वही वो ही सरो–दाग़े–जुनूँ[11]
वो ही हम होंगे वही दश्तो–बयाबाँ[12] होंगे

उम्र सारी तो कटी इश्क़े–बुताँ[13] में 'मोमिन'
आख़िरी वक़्त में क्या ख़ाक मुसल्माँ होंगे

---

1. तीर चलाने वाला 2. प्रेयसी की आँख 3. अर्द्ध घायल 4. निष्प्राण 5. मृत्युनिद्रा 6. विरह की रात 7. लज्जित 8. जंगलों में इधर–उधर फिरना 9. बबूल का काँटा 10. पत्थर 11. सर और उन्माद के दाग़ 12. जंगल 13. सुन्दरियों से प्रेम।

दिल से क्यूँ कर न धुँवाँ साथ हवा के उट्ठे
शोला हाय तपे–ग़म[1] सीना जला के उट्ठे

शम्अ के चोर का महफ़िल में जो मज़्कूर[2] हुआ
दिल चुरा बैठे थे जब आँख चुरा के उट्ठे

गो कि हम सफ़्हा–ए–हस्ती[3] पे थे इक हर्फ़े–ग़लत[4]
लेक[5] उट्ठे भी तो इक नक़्श बिठा[6] के उट्ठे

उफ़ रे गर्मी–ए–मुहब्बत[7] कि तिरे सोख़्ता जाँ[8]
जिस जगह बैठ गये आग लगा के उट्ठे

मैं दिखाता तुम्हें तासीर[9] मगर हाथ मिरे
ज़ौफ़[10] के हाथ से कब वक़्त दुआ के उट्ठे

सोज़िशे–दिल[11] से हुआ क्या ही मैं पानी–पानी
वो जो पहलू से पसीने में नहा के उट्ठे

शेर 'मोमिन' के पढ़े बैठ के उसके आगे
ख़ूब अहवाल दिले–ज़ार[12] सुना के उट्ठे

---

1. दुःख की गर्मी की चिंगारी 2. चर्चा 3. जीवन का पृष्ठ 4. वह अक्षर जो अशुद्ध हो और उसे मिटाना अनिवार्य हो 5. लेकिन 6. प्रभाव क़ायम करना 7. प्रेमाग्नि 8. दग्ध हृदय 9. प्रभाव 10. दुर्बलता 11. दिल की जलन 12. व्याकुल हृदय की हालत।

मुँह को न सिया नासेह[1] की बख़ियागरी[2] इतनी
लू मैं भी अभी लत्ते[3] हैं पर्दादरी[4] इतनी

तुम उठ गये महफ़िल से ज़िक्र आते ही मजनूँ का
साये से मिरे वहशत[5] ऐ रश्के–परी[6] इतनी

दिल ले के वफ़ा कैसी पर क़ौल[7] तो देना था
ऐ सीमतन[8] आफ़त है तू, मुफ़्त बुरी इतनी

कहता है मिरे आगे वो मुझ पे उदू[9] ग़श[10] है
है है[11] मिरी उल्फ़त[12] से है बेख़बरी इतनी

सिज्दा[13] न कहीं करना 'मोमिन' क़दमे–बुत[14] पर
काबे ही में होती है बेहूदा सरी[15] इतनी

---

1. प्रेम त्याग का उपदेश देने वाला 2. एक प्रकार की मज़बूत सिलाई करने वाला 3. लते लेना=आड़े हाथों लेना 4. दोष प्रकट करना 5. भय त्रास 6. परी को लजाने वाली प्रेयसी 7. वचन 8. चाँदी जैसे धवल शरीर वाली 9. शत्रु 10. मूर्च्छित होना 11. अफ़सोस 12. प्रेम 13. नतमस्तक 14. प्रेयसी के पाँव 15. अनर्गलता।

फिर वो वहशत[1] के ख़यालात हैं सर में फिरते
दश्त[2] याद आते हैं आहू[3] हैं नज़र में फिरते

फिरते दिन अपने तो ग़ैरों[4] की तरह रातों को
कैसे हम कूचा–ए–हमताब क़मर[5] में फिरते

मुन्तज़िर[6] किस के ये रहते हैं कि हम हर शब को
ता सहर[7] शाम से उठ–उठ के हैं घर में फिरते

एक दम[8] गर्दिशे–अय्याम[9] से आराम नहीं
घर में हैं तो भी हैं दिन–रात सफ़र में फिरते

जुंबिशे–नर्गिसे–जन्नत[10] ने रुलाया 'मोमिन'
चश्मे–काफ़िर[11] के इशारे हैं नज़र में फिरते

---

1. पागलपन 2. जंगल 3. हिरण 4. बेगाने 5. प्रियतम की गली 6. प्रतीक्षित 7. सुब्ह तक 8. क्षण 9. दिनों के फेर 10. स्वर्ग में नर्गिस के फूल की हरकत 11. प्रेयसी की आँखें।

पामाल[1] इक नज़र में क़रारो–सबात[2] है
उसका न देखना निगहे–इल्तिफ़ात[3] है

पैग़ामबर[4] रक़ीब[5] से होते हैं मश्वरे
सुनता नहीं किसी की ये कहने की बात है

छुट कर कहाँ असीरे–मुहब्बत[6] की ज़िन्दगी
नासेह ये बन्दे–ग़म[7] नहीं क़ैदे–हयात[8] है

बदनामियों के डर से अबस[9] तुम चले कि मैं
हूँ तीरा रोज़[10] मेरी सहर[11] भी तो रात है

क्या इब्तिदा–ए–हुस्न[12] में मैं तुझ पे मर गया
ख़िल्क़त[13] का तेरी दिन मिरा रोज़े–वफ़ात[14] है

छूटी शराब अपनी मुझे मरते दम तो दे
ये आबे–तल्ख़[15] शर्बते–क़ंदो–निबात[16] है

क्यूँ कर ख़ुदा को दूँ कि बुतों को है अहतियाज[17]
'मोमिन' ये नक़्दे–दिल[18] ज़रे–जाँ[19] की ज़कात[20] है

---

1. दुर्दशाग्रस्त 2. चैन और दृढ़ता 3. कृपादृष्टि 4. सन्देशवाहक 5. प्रतिद्वन्द्वी 6. प्रेम के बन्दी 7. दुःख का बन्धन 8. जीवन का बन्धन 9. व्यर्थ 10. हतभाग्य 11. सुब्ह 12. तरुणाई सौन्दर्य का प्रारम्भ 13. उत्पत्ति पैदाइश 14. मृत्यु दिवस 15. कड़वा जल 16. वनस्पति और कन्द का शर्बत 17. आवश्यकता, दरिद्रता 18. दिल की निधि 19. जीवन की पूँजी 20. दान।

मुझ पे तूफ़ान उठाये लोगों ने
मुफ़्त बैठे–बिठाये लोगों ने

कर दिये अपने आने–जाने के
तज़्करे[1] जाये–जाये[2] लोगों ने

वस्ल[3] की बात कब बन आई थी
दिल से दफ़्तर[4] बनाये लोगों ने

बात अपनी वहाँ न जमने दी
अपने नक़्शे जमाये लोगों ने

बिन कहे राज़ हाय पिन्हाई[5]
उसे क्यूँ कर सुनाये लोगों ने

क्या तमाशा है जो न देखे थे
वो तमाशे दिखाये लोगों ने

कर दिया 'मोमिन' उस सनम को ख़फ़ा
क्या–किया हाय–हाय लोगों ने

---

1. प्रसंग बातचीत 2. जगह–जगह मोमिन के ज़माने में ऐसा बोलते थे 3. मिलन 4. ग्रन्थ 5. गुप्त भेद।

सुर्मगीं चश्म[1] से क्यूँ तेज़ नज़र करता है
कब मिरा नाला[2] तिरे दिल में असर करता है

किस के हँसने का तसव्वुर[3] है शबो–रोज़[4] कि यूँ
गुदगुदी दिल में कोई आठ पहर करता है

क्या किया दिल ने कि आँखों से कहा राज़े–निहाँ[5]
ऐसे ग़म्माज़[6] को भी कोई ख़बर करता है

ऐश में भी तो न जागे कभी तुम क्या जानो
कि शबे–ग़म[7] कोई किस तौर[8] सह्र[9] करता है

सुन रखो सीख रखो इसको ग़ज़ल कहते हैं
'मोमिन' ऐ अहले–फ़न[10] इज़्हारे–हुनर[11] करता है

---

1. सुरमा लगी हुई आँख 2. आर्तनाद 3. कल्पना ध्यान 4. दिन–रात 5. गुप्त भेद 6. आँख के इशारे से चुगली करने वाला 7. दुःख की रात 8. तरह 9. सुबह 10. कला को जानने वालो 11. कला की अभिव्यक्ति।

क्यूँ बनी ख़ूंनाबानोशी[1] बादाख़्वारी[2] आप की
किसलिए है बेख़ुदी[3] ग़फ़लतशिआरी[4] आप की

क्यूँ रमे–जानाना[5] के बदले है अज़ ख़ुदरफ़्तगी[6]
किसलिए शोख़ी[7] हुई है बेक़रारी[8] आप की

आश्ना–से[9] हो गये बेगानगी जाती रही
हो गई किस आश्ती दुश्मन[10] से यारी आप की

मुझको हैराँ देख कर हैरान रह जाते हो क्यूँ
ऐसी महवे–यास[11] है उम्मीदवारी आप की

क्यूँ है रंगे–ज़र्द[12] पर गुलगूना[13] अश्के–सुर्ख़[14] का
किसलिए मिलने लगी रंगत हमारी आप की

क़तरा–हाय अश्क[15] गिनते हो अगर रोता हूँ मैं
इस क़दर ख़ू[16] हो गई अख़्तरशुमारी[17] आप की

किस सनम की बन्दगी में बुत परस्ती[18] छोड़ दी
हो गई 'मोमिन' की–सी क्यूँ दीनदारी[19] आप की

---

1. दिल का लहू पीना 2. मदिरापान करना 3. बेसुध 4. असावधान रहने के स्वभाव वाला 5. प्रेयसी का भागना 6. आपे से बाहर होना 7. चंचलता 8. व्याकुलता 9. परिचित 10. मित्रता का दुश्मन 11. नैराश्य में लीन 12. पीत वर्ण 13. मुँह पर लगाने का लाल पाउडर 14. रक्त के आँसू 15. आँसू की बूँदें 16. आदत 17. सितारे गिनना 18.' मूर्ति उपासना 19. धर्मनिष्ठा।

सब्रो–वहशत[1] असर न हो जाये
कहीं सेहरा[2] भी घर न हो जाये

देखो मत देखियो कि आईना
ग़श[3] तुम्हें देख कर न हो जाये

कसरते–सिज्दा[4] से वो नक़्शे–क़दम[5]
कहीं पामाल[6] सर न हो जाये

मेरे तग़ईरे–रंग[7] को मत देख
तुझ को अपनी नज़र न हो जाये

'मोमिन' ईमाँ[8] कुबूल दिल से मुझे
वो बुत आज़ुर्दागर[9] न हो जाये

1. धैर्य और भय 2. जंगल 3. मूर्छित होना 4. सर झुकाने की बहुलता 5. पदचिह्न 6. पद–दलित 7. रंग परिवर्तन 8. धर्म पन्थ 9. मलिन दुःखित।

जहाँ से शक्ल को तेरी तरस–तरस गुज़रे
जो तुझ पे बस न चला अपने जी से बस गुज़रे

बनी है सूरे–इस्राफ़ील[1] आह बेतासीर[2]
कि मेरे दम[3] पे क़यामत नफ़स–नफ़स[4] गुज़रे

न जाऊँ क्यूँ कि सू–ए–दाम[5] आशियाँ[6] से जब
ख़याले[7]–हसरते–मुर्ग़ाने–हमक़फ़स[8] गुज़रे

न छूटे क्यूँ तने–काहीदा[9] से पसीना हाय
तरफ़ से ग़ैर[10] की जब नज़्रे–इत्रे–ख़स[11] गुज़रे

कहाँ वो रब्ते–बुताँ[12] अब कि उसको तो 'मोमिन'
हज़ार साल हुए सैकड़ों बरस गुज़रे

---

1. इस्राफ़ील फ़रिश्ते का शंख जिसे वे प्रलय के दिन फूँकेंगे 2. प्रभावहीन 3. जीवन 4. हर साँस 5. जाल की तरफ़ 6. घोंसला 7. ध्यान 8. पिंजरे के साथी पक्षियों की अपूर्ण कामना 9. सूखे शरीर वाला दुबला–पतला 10. अन्य की ओर से 11. ख़स के इत्र की भेंट 12. सुन्दरियों से मेल–जोल।

करता है क़त्ले–आम[1] वो अग़यार[2] के लिए
दस–बीस रोज़ मरते हैं दो–चार के लिए

देखा अज़ाब[3] रंजे–दिले–ज़ार[4] के लिए
आशिक़[5] हुए हैं वो मिरे आज़ार[6] के लिए

दिल इश्क़ तेरी नज़्र[7] किया जान क्यूँ कि[8] दूँ
रक्खा है उसको हसरते–दीदार[9] के लिए

जी में है मोतियों की लड़ी उसको भेज दूँ
इज़्हारे–हाले–चश्मे–गुहरबार[10] के लिए

देता हूँ अपने लब को भी गुलबर्ग[11] से मिसाल[12]
बोसे जो ख़्वाब में तिरे रुख़्सार[13] के लिए

जीना उम्मीदे–वस्ल[14] पे हिज्राँ[15] में सह्ल[16] था
मरता हूँ ज़िन्दगानी–ए–दुश्वार[17] के लिए

'मोमिन' को तो न लाये कहीं दाम[18] में वो बुत
ढूँढ़े है तार[19] सुबहा[20] के ज़ुन्नार[21] के लिए

---

1. सर्वसाधरण का वध 2. प्रतिद्वन्द्वियों 3. कष्ट यातना 4. दुःखित ह्रदय की पीड़ा 5. आसक्त 6. आपत्ति खेद 7. भेंट 8. कैसे 9. दर्शन की आकांक्षा 10. आँसुओं के मोती बरसाने वाली आँखों का हाल व्यक्त करना 11. फूल की पत्ती 12. उपमा 13. गाल 14. मिलन की आशा 15. विरह 16. आसान 17. कठिन जीवन 18. जाल 19. धागा 20. माला 21. जनेऊ।

तसल्ली दमे–वापसीं[1] हो चुकी
हमीं हो चुके जब नहीं हो चुकी

बुला उस सियहरोज़[2] को बज़्म[3] में
शबे–ऐश[4] ऐ महजबीं[5] हो चुकी

यहाँ दम नहीं शौक़ से क़त्ल कर
मिरे ख़ूं से तर आस्तीं[6] हो चुकी

सवाबित[7] हैं सय्यार[8] मिस्ले–शरर[9]
मिरी आह कुर्सीनशीं[10] हो चुकी

कमीं[11] में है 'मोमिन' वो काफ़िर सनम[12]
बस अब पासबानी–ए–दीं[13] हो चुकी

---

1. मृत्यु के समय की अन्तिम साँसें 2. हतभाग्य 3. सभा 4. भोगविलास की रात 5. चन्द्रभाल 6. आस्तीन कुर्ते की बाँह 7. अपने स्थान पर ठहरे हुए तारे जो गतिशील न हों 8. वह तारा जो स्थिर नहीं रहता 9. चिंगारी की भाँति 10. उद्देश्य तक पहुँचाने वाली 11. शिकार की ताक में छिपकर बैठने का स्थान 12. प्रेयसी 13. धर्म की निगरानी।

दर–ब–दर[1] नासियाफ़रसाई[2] से क्या होता है
वही होता है जो क़िस्मत में लिखा होता है

चश्मे–ख़ूंबार[3] मिरी आप ने तल्वों से मली
वरना ऐसा भी कहीं रंगे–हिना[4] होता है

जाँ–ब–लब[5] हूँ ख़बरे–वस्ल[6] सुना दे क़ासिद[7]
लब हिलाने में तिरे काम मिरा होता है

नातवानी[8] मिरी मत पूछ कहूँ क्या हमदम[9]
बात कहने में मेरा दम ही हवा होता[10] है

हो न बेताब[11] ग़मे–हिज्रे–बुताँ[12] में 'मोमिन'
देख दो दिन में बस अब फ़ज़्ले–ख़ुदा[13] होता है

---

1. घर–घर 2. माथा रगड़ना 3. रक्त बरसाने वाली आँख 4. मेहँदी का रंग 5. प्राण होंठों तक 6. मिलन की सूचना 7. सन्देशवाहक 8. दुर्बलता 9. दोस्त 10. मर जाना 11. अधीर 12. सुन्दरियों के विरह का दुःख 13. ईश्वर की कृपा।

है दिल में ग़ुबार[1] उसके घर अपना न करेंगे
हम ख़ाक में मिलने की तमन्ना न करेंगे

हँस–हँस के वो मुझ से ही मिरे क़त्ल की बातें
इस तरह से करते हैं कि गोया[2] न करेंगे

क्या नाम मैं लिखूँ दिले–वाबस्ता[3] का अहवाल[4]
मालूम है पहले ही कि वो वा[5] न करेंगे

किस वक़्त किया मर्दुमके–चश्म[6] का शिकवा
ऐ पर्दानशीं हम तुझे रुस्वा न करेंगे

'मोमिन' वो ग़ज़ल कहते हैं अब जिससे ये मज़्मूँ[7]
खुल जाये कि तर्के–दरे–बुतख़ाना[8] करेंगे

---

1. मनोमालिन्य 2. जैसे 3. प्रेम में आबद्ध हृदय 4. वृतान्त 5. खोलना 6. आँख की पुतली 7. विषय 8. मन्दिर के द्वार का त्याग।

न कटी हम से शब[1] जुदाई की
कितनी ही ताक़त आज़माई की

क्यूँ बुरा कहते हो भला नासेह
मैंने हज़रत से क्या बुराई की

गर न बिगड़ो तो क्या बिगड़ता है
मुझमें ताक़त नहीं लड़ाई की

घर तो उस माहवश[2] का दूर न था
लेक[3] तालेअ[4] ने नारसाई[5] की

मर गये पर है बेख़बर सय्याद[6]
अब तवक़्क़ौ[7] नहीं रिहाई की

दिल हुआ ख़ून[8] ख़याले–नाख़ूने–यार[9]
तूने अच्छी गिरहकुशाई[10] की

'मोमिन' आओ तुम्हें भी दिखला दूँ
सैर बुतख़ाने में खुदाई की

---

1. रात 2. चाँद जैसी 3. लेकिन 4. भाग्य 5. जिसकी पहुँच न हो 6. शिकारी 7. आशा 8. वध 9. प्रिय के नाख़ून के ध्यान से 10. गाँठ खोलना।

दिल में उस शोख़ के जो राह न की
हम ने भी जान दी पर आह न की

कौन ऐसा कि उससे पूछे क्यूँ
पुरसिशे–हाले–दादख़्वाह[1] न की

इश्क़ में काम कुछ नहीं आया
गर न की हिर्स मालो–जाह[2] न की

ताब[3] कमज़र्फ़[4] को कहाँ तुमने
दुश्मनी की उदू[5] से चाह न की

मैं भी कुछ ख़ुश नहीं वफ़ा करके
तुमने अच्छा किया निबाह न की

था मुक़द्दर में उससे कम मिलना
क्यूँ मुलाक़ात गाह–गाह[6] न की

'मोमिन' उस ज़हने–बेख़ता[7] पर हैफ़[8]
फ़िक्र आमुर्ज़शे–गुनाह[9] न की

---

1. फ़रियादी के हाल की पूछताछ 2. धन और प्रतिष्ठा की लिप्सा 3. सामर्थ्य 4. तुच्छ 5. शत्रु 6. कभी–कभी 7. त्रुटि न करने वाला ज़हन 8. अफ़सोस 9. अपराध का मोक्ष।

न रब्त[1] उससे न यारी आस्माँ[2] से
जफ़ा[3] बह्‌रे–उदू[4] लाऊँ कहाँ से

ये हालत है तो क्या हासिल बयाँ से
कहूँ कुछ और कुछ निकले ज़बाँ से

बुरा है इश्क़ का अंजाम या रब
बचाना फ़ित्ना–ए–आख़िर ज़माँ[5] से

रही शब की–सी बेताबी तो हर रोज़
चुरायेंगे हम आँखें पासबाँ[6] से

ख़ुदा की बेनियाज़ी[7] हाय 'मोमिन'
हम ईमाँ[8] लाये थे नाज़े–बुताँ[9] से

1. लगाव 2. आस्मान को उर्दू शाइरी में अत्याचारी माना जाता है 3. अत्याचार 4. शत्रु के लिए 5. प्रलय के समय का हंगामा 6. निगरानी करने वाला 7. निस्पृहता उपेक्षा 8. विश्वास 9. प्रेयसी का अभिमान।

बँधा ख़याले–जिनाँ[1] बाद तर्के–यार[2] मुझे
किया है यास[3] ने क्या–क्या उमीदवार[4] मुझे

न आस्मान का रुख़[5] फेर दूँ जिधर चाहूँ
दिया है क्या तपिशे–दिल[6] ने इख़्तियार मुझे

उम्मीदे–मर्ग[7] पे हर फ़ित्ना[8] राहते–जाँ[9] है
शबे–फ़िराक़[10] में क्या बीमे–रोज़गार[11] मुझे

क़िराने–अंजुमे[12]–सय्यारा बुर्जे–आबी[13] में
डूबोयेगी मिरी चश्मे–सिताराबार[14] मुझे

वो शामे–वादा जो आए तो बेख़ुदो–सरमस्त[15]
रहा विसाल में भी वो ही इन्तजार मुझे

न सैरे–गुल न क़दहनोशी[16] उसके साथ हुई
ग़मे–ख़िज़ाँ[17] है न कुछ हसरते–बहार[18] मुझे

---

1. जन्नत का विचार 2. प्रिय का त्याग 3. निराशा 4. आशान्वित 5. पक्ष 6. दिल की जलन 7. मृत्यु की आशा 8. उपद्रव 9. प्राण को सुख देने वाला 10. विरह रात्रि 11. सांसारिक दुःखों का भय 12. सूर्य के अतिरिक्त दो ग्रहों का एक घर में मिलना 13. जलीय राशि 14. सितारे बरसाने वाली आँख 15. बेसुध और उन्मत 16. मदिरापान 17. पतझड़ का शोक 18. वसन्त की आकांक्षा।

लबों प जान है ऐसी भी क्या है बेदर्दी
न क़र्ज़ देते हो बोसा न मुस्तआर[19] मुझे

सवाब[20] तर्के–सनम[21] सच सही वले[22] 'मोमिन'
ये क्या सबब[23] कि सुनाते हो बार–बार मुझे

19. उधार, माँगा हुआ 20. सत्कर्म के बदले मिलने वाला पुण्य 21. प्रिय का त्याग 22. लेकिन 23. कारण